大名人 小故事

游侠天子刘邦

史杰鹏 著

中华书局

图书在版编目（CIP）数据

游侠天子刘邦 / 史杰鹏著. — 北京： 中华书局， 2015.9
（大名人　小故事）
ISBN 978–7–101–10915–3

Ⅰ.游… Ⅱ.史… Ⅲ.汉高祖（前256～前195）
—生平事迹—通俗读物 Ⅳ. K827=341

中国版本图书馆CIP数据核字（2015）第076846号

书　　名	游侠天子刘邦	
著　　者	史杰鹏	
责任编辑	王　娟	
丛 书 名	大名人　小故事	
封面设计	李　睿	
封面绘画	LIAR	
出版发行	中华书局	
	（北京市丰台区太平桥西里38号　100073）	
	http：//www.zhbc.com.cn	
	E–mail：zhbc@zhbc.com.cn	
印　　刷	中煤涿州制图印刷厂北京分厂	
版　　次	2015年9月北京第1版	
	2015年9月北京第1次印刷	
规　　格	开本/ 700×1000毫米　1/16	
	印张 9.25　字数75千字	
印　　数	1–10000册	
国际书号	ISBN 978–7–101–10915–3	
定　　价	28.00元	

致 读 者

　　仰望中国历史的天空，群星璀璨。他们是史书中的传主，是教科书上的黑体大字，也是活在故事中的著名人物。他们的故事，比普通人的更加跌宕起伏，扣人心弦，也更加发人深省。

　　"大名人 小故事"丛书，旨在讲述教科书上未曾细说的名人故事。选取的名人，基本上都是青少年朋友喜爱的。讲述的内容，不是面面俱到的传记，而是提取名人一生中若干瞬间，借此画出名人的精神风貌，展现他们精彩独特的个性和不可重复的创造。

　　故事的来源，大都有史料依据，希望给大家讲述名人们真实的而非戏说的人生。也吸取了少量的传说，从中可以窥见千百年来的民心。

　　有的故事中出现了著名的历史事件，涉及了相关民俗风情，衍生出了特定的成语典故，则在故事后进行简要讲解。每本书后，还附录了名人的生平简历，以供读者参考。

　　丛书每册讲述一位名人的故事，以此形成系列。

　　丛书的作者，都是中青年精锐作家，他们有的写过畅销历史小说，有的擅长写历史散文，有的已出版大部头的名人传记……他们共同的特点，是会讲故事，并且愿意为青少年朋友讲故事，希望把历史讲得生动有趣，让读者喜欢上这些有意思的历史人物。在此谨向他们致敬。

中华书局编辑部

从游侠到皇帝的蜕变

刘邦（公元前256年—前195年），秦沛县丰邑中阳里人，汉朝开国皇帝，中国历史上杰出的政治家、卓越的战略家和指挥家，对中国古代政治和文化传统的形成、巩固有重大贡献。

刘邦出生时，还是一个楚国人。他大概接受了一点粗浅的文化教育，认识千把汉字，放到今天，勉强能读读报纸，之后他就放弃了学习，开始在丰沛市集上招朋唤友，过起了自由自在的游侠生活。

当然，由于出身，刘邦不可能不会农活，甚至有可能还比较擅长。但他无心务农，这让父亲刘太公十分愤怒，常恨铁不成钢地呵斥刘邦不务正业。对于父亲的责骂，青年刘邦浑不在意，在他的心中，快意恩仇的游侠生活才是自己一直以来的理想。

史学家司马迁给游侠下过一个定义，说游侠是一种专门急人之难，却不求报答的人。战国时代，东方诸侯国有四大贵公子，他们是赵国的平原君、魏国的信陵君、齐国的孟尝君、楚国的春申君。其中信陵君是四大公子中声名最显赫的一个，他死于公元前243年，那年刘邦才十三岁。

虽然没有机会亲眼见到信陵君，但刘邦从小就耳闻了不少信陵君的故事。他恨自己出生太晚，没有机会投奔到其门下，没法和信陵君手下诸多志同道合者朝夕相处，大碗喝酒，大块吃肉，出门乘坚策肥，危难一至，则殒身喋血，报答主子的礼遇，留名天下。与这相比，背负毒辣的太阳耕种，实在是庸人才会干的事情。

更重要的是，做游侠碰到机会好，还可以得到主人的提拔，当上官吏。这比天天猫腰在地里侍弄庄稼有前途多了。

所以无论刘太公怎么骂，刘邦始终一意孤行。有一天，当他听说有一个叫张耳的魏国人正在广施钱财，招致宾客，而这个张耳还曾在信陵君手下做过门客时，已经三十多岁的刘邦兴奋得不得了，毅然离开家乡，西行上千里，跑去投奔张耳。

然而好景不长，魏国被秦国灭亡，刘邦只好回到楚国家乡。两年后，楚国也成为秦国的领土，刘邦成了一个秦国人。

从楚国人变成了秦国人，对刘邦来说，没有什么不安。因为以他的出身，不会有什么祖国的概念。何况为了笼络楚国人，秦王在楚国故地实行了很多优惠政策，赐予普通百姓爵位。因此，除了语言、文字、风俗习惯等方面可能略微有些不适应之外，刘邦很满意这种崭新的生活。

由于刘邦为人豁达大度，乐善好施，结交了不少朋友，再加上又投奔过大名鼎鼎的张耳，所以在朋友的推荐下，当上了秦国泗水郡的亭长。

在亭长任上，刘邦如往常一样喝酒行侠，乡里的很多少年都对他极为仰慕、崇拜。

渐渐的，刘邦的游侠名气越传越大，四面八方的人也都慕名相继来投奔他。可以说，刘邦在其后与项羽的对峙中能够取得胜利并且建立汉朝，这种名气无疑也起了不小的作用。

刘邦知人善任，注意纳谏，敢于承认自己的不足，也勇于改错，这在古代皇帝中是比较少见的。即皇帝位的同年六月，刘邦在洛阳的南宫开庆功宴，宴席上，他总结自己取胜的原因："夫运筹帷幄之中，决胜千里之外，吾不如子房；镇国家，抚百姓，给饷馈，不绝粮道，吾不如萧何；连百万之众，战必胜，攻必取，吾不如韩信。三者皆人杰，吾能用之，此吾所以取天下者也。项羽有一范增而不能用，此所以为我禽也。"和项羽的刚愎自用形成了鲜明对比。

刘邦虽然继承了秦朝的中央集权制和郡县制，但当他攻入咸阳之时，便废除秦朝苛法，与民约法三章，封存府库，对百姓秋毫无犯，赢取了民心，这为他最终夺取天下提供了极大的后勤支持。

在经济上，刘邦采取一些利民政策，减轻人民的负担，比如削减田租，释放奴婢，凡民以饥饿自卖为奴婢者，皆免为庶人；解放生产力，让士兵复员归家，给予他们土地及住宅，使他们从事生产劳作，迅速恢复发展国民经济。他还继续推行秦代按军功授田宅的制度，稳定统治。并接受娄敬的强干弱枝的建议，把关东六国的强宗大族和豪杰名家十余万口迁徙到关中定居，使得地方上再也没有能叛乱的力量，从而使天下保持太平，百姓得以生息，民心得以凝聚，国家得以巩固。

但刘邦生性粗鲁，喜欢骂脏话，他本来看不起儒生，还曾经把儒生的帽子摘下，往里面撒尿。他认为自己是马上得天下，《诗》《书》没有用处。儒生陆贾对他说："马上得到天下，能马上治天下吗？"刘邦命陆贾著书，论述秦失天下的原因，以资借鉴。每奏进一篇，刘邦都连连称赞。他还听从儒生叔孙通的话，采取儒家礼仪，可谓从善如流。叔孙通制定了一套适合当时形势需要的政治礼仪制度，撰写了《汉仪十二篇》《汉礼度》《律令傍章十八篇》等著作，对汉朝的巩固起了重要作用。

此外，刘邦在很多时候也体现出市井无赖气，并且心狠手辣。如在彭城败亡时，为了让奔逃的马车跑得更快，不惜将自己的一双儿女连续三次推下车。再如，登上皇位后，大肆诛杀功臣，等等。

总之，抛开刘邦的人品不说，他所创建的汉朝，前后总共延续了四百多年，是中国第一个长久的大一统王朝，他建立的一套政治制度、意识形态，也对后世有非常深远的影响。至今汉族仍是中国人数最多的民族，刘邦对汉民族的形成有不可磨灭的贡献，他是中国第一个伟大的布衣天子。

史杰鹏

目录

游侠生活

　　江苏丰县，现在隶属徐州市，毫不起眼，但在两千多年前的战国末年，却诞生了中国第一个平民皇帝——刘邦。

　　那时的丰县非常小，只有一个乡的规模，称为丰邑。起初，它属于宋国，战国末年，群雄争霸，公元前286年，野心勃勃的齐缗（mín）王悍然发动了对宋国的战争，一举将其攻灭，沛县就此落入齐国的囊中。但不幸的是，仅仅在第二年，楚国就来了个"黑吃黑"，把它变成了自己下辖淮北十五郡的一部分。最后秦统一全国，丰邑被划归沛县，成为沛县的附邑。

　　沛县城邑紧靠泗水之滨，东边是汪洋恣肆的沛泽。它和丰邑相距大约十七八公里，按照秦汉的里制，沿途要经过大约四个亭舍，虽然不算太远，但步行的话，起码要走四个小时。

　　刘邦出生在丰邑中阳里一户普通农民家中，那时沛县还属于楚国，时值公元前256年，也就是楚考烈王七年，距离楚国占领这块土地已经有三十年之久。这意味着刘邦起初是楚国人，接受楚国政府管理，说楚语，唱楚歌，写楚国文字，行楚式历法，使用带有浓厚楚国风味的生活器具，是一个地地道道的楚国人。

　　刘邦的父亲刘太公没什么文化，甚至连个正式的名字都没有，毕生秉持着勤勉耕种、奉事君上的人生信条，带着两个孩子刘伯、刘仲，年年风里来、雨里去，把一块耕地侍弄得风生水起，慢慢攒下了一份不大不小的家业。

刘邦是这个家庭的第三个男孩，刘太公这个没什么文化的农民，用再朴实不过的排行法，给这个新生儿一个简单的名字：刘季。刘邦这个堂皇的大名，是他发迹之后换的。刘季，用现在的话，就是刘老三的意思。

由于家境殷实，刘太公还娶了一房小妾，这小妾也生了一个儿子。有趣的是，这个幼子倒有一个正儿八经的名字，叫刘交，甚至还有表字，叫游。刘太公甚至把他送到大儒浮丘伯身边学习《诗经》。浮丘伯是齐国人，荀子的学生，博学多才。齐鲁是儒学的故乡，战国末年仍旧

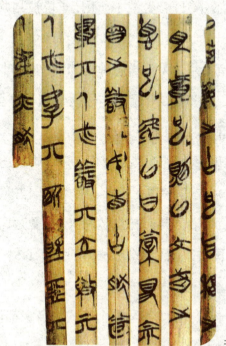

书于竹简上的楚文字

保持了儒学传统，文化灿如星斗。沛县临近齐鲁，这些风气无疑影响了刘太公，但对刘邦毫无用处，反而让他看出了儒生的巨大弱点：擅长道德说教，遇见实事则手足无措。

刘邦对念书毫无兴趣，仅仅接受了粗浅的文化教育，能够读读普通的文书，就放弃了学习，开始在丰沛两地的市集上招朋唤友，过起自由自在的游荡生活。当然，因为家庭的胁迫，他不可能不会农活，甚至有可能还比较擅长。但他痛恨这种生活，也不想一辈子过这种日子。

这让刘太公十分愤怒，对这样一个游手好闲的儿子，他真是恨铁不成钢，曾呵斥刘邦："你这不肖的竖子，也不学学你二哥，看人家是怎么勤劳治产的。"

对父亲的责骂，青年刘邦浑不在意，因为他有更大的理想，他想成为一代游侠，在江湖上呼风唤雨。游侠是什么？中国最伟大的史学家司马迁曾给游侠下过一个定义，说游侠是一种热心助人，却不求报答的人。战国时代，东方诸侯国有四大贵公子赫赫有名，他们是赵国的平原君、魏国的信陵君、齐国的孟尝君、楚国的春申君。四人都是王族子弟，拥有采邑，有丰厚的税收招徕宾客，普天下不愿耕种的技能之士都去投奔他们，无事时白吃白喝，有事则要挺身而出，甚至献出生命。信陵君是四大公子中声名最显赫的一个，他死于公元前243年，那时刘邦才十三岁。

虽然没有机会亲眼见到信陵君，但刘邦从小就耳闻了不少信陵君的故事。他恨自己出生太晚，没有机会投奔到信陵君门下，那样就能和诸多志同道合者朝夕相处，大碗喝酒，大块吃肉，出门也可以横着走路，潇洒人生。当然，一旦主子有难，也要拼死上前，以生命报答

3

游侠天子刘邦

主子的礼遇，留名天下。与这相比，背负毒辣的太阳耕种，简直让人不寒而栗，这不是刘邦想过的生活，所以，勤劳的二哥在刘邦心目中是一个负面榜样。

刘邦不但不肯干农活，反而喜欢到处惹事。屡次因为惹了是非，到处躲避官府捉拿。还经常带着一帮狐朋狗友去寡嫂家蹭饭吃，有一次大嫂终于烦了，刘邦和朋友一进门，她就假装刮着空荡荡的锅，暗示一无所有。刘邦羞得满脸通红，带着朋友扬长而去。刘邦当上皇帝后，遍封亲戚为王侯，独对大嫂不理不睬。刘太公看不下去，特意提醒，刘邦才抒发胸臆："不是我忘了她，主要因为她为人不地道，太小气。"这才封大嫂为羹颉侯。"颉"和"刮"读音相近，"羹颉"意思是刮羹，暗示大嫂那次刮锅驱客的举动。

这是不是说明刘邦特别小气，睚眦必报？那倒也不一定，只是因为对游侠刘邦来说，朋友就是生活的全部，而大嫂竟让他在朋友前丢了面子，是可忍，孰不可忍？

虽然在丰、沛两地打出了名气，但刘邦并不满足。有一天，他听说有一个叫张耳的魏国人曾在信陵君手下做过门客，如今又凭藉当时的声名娶了一位富家妻子，不禁十分羡慕。有人告诉他，张耳如今已被魏王任命为外黄县令，正在广施钱财，招致宾客。已经三十多岁的刘邦于是毅然离开家乡，西行上千里，跑到外黄去投奔张耳。

在外黄，刘邦顺利地成为张耳的门客。但好景不长，公元前225年，秦将王贲率大军围住了魏国首都大梁，引水灌大梁城，大梁城陷，魏国灭亡。张耳逃跑，被秦朝政府通缉。刘邦只好回到家乡。两年后，秦将王翦两次大破楚国名将项燕的军队，楚国就此覆灭，沛县也从此

成为秦国的领土，刘邦成了一个秦国人，这一年，他33岁。

刘邦的前半生如路人甲一样普通，史书上有关他的记载很少，他最有名的特色是爱喝酒，好色，偷鸡摸狗的事也干了不少，实在不值得一写。唯一"光彩"的事迹是有关他的孕育，据说那天，他母亲刘媪在大湖边睡觉，梦见和神相遇。她正在梦中畅游，天色突然晦暗，电闪雷鸣，她的丈夫刘太公跑去湖边找她，却发现一条蛟龙伏在妻子身上，不久这女人就怀了身孕，最后生下刘邦。

这个故事显然是虚构的，和古书中记载的各色皇帝出生的传说如出一辙，应该是刘邦发迹后，他身边的人编造出来的，好让百姓敬畏，深信他是真命天子。

刘邦的前半生就是这么普通，甚至到四十岁，他连一个老婆都没娶上，直到他碰见了吕雉。

多知道点

古代的兄弟排行

古代通常以伯、仲、叔、季表示兄弟间的排行顺序，伯为老大，仲为老二，叔为老三，季为最小。如果只有兄弟三个，就只用伯、仲、季，没有叔，比如刘邦三兄弟就分别称刘伯、刘仲、刘季。如果兄弟超过四个，那么伯、仲、季分别指老大、老二和最小，其余的则全称叔。

游侠天子刘邦

老翁的预言

秦国灭亡楚国后，为了笼络楚国人，秦王在楚国故地实行优惠政策，赐予普通老百姓爵位。刘邦混得不错，还很快当上了泗水郡的亭长。亭长是秦国最基层的治安单位，管辖方圆十里的一片地方的治安，同时兼顾送往迎来的工作。刘邦这个官职，放到现在，就相当于一个乡级派出所所长兼邮电所、招待所所长。

虽然当上了公务员，刘邦却仍然保持游侠之风，轻财重友。他很喜欢喝酒，城里有王媪和武负两个女人开酒馆，他常去赊酒喝，喝醉了就顺势躺下睡觉。据史书记载，他昏睡时，身上常常会出现一条龙，把王媪和武负两个妇女吓得够呛，觉得他不是一般人。而且每次刘邦来赊酒喝，仰慕他的少年们也都闻声赶来，让店里营业额暴涨，卖出的酒比平时多几倍。王媪和武负都觉得刘邦带来了福气，年终结账，总把刘邦写的赊账文书销毁，就当白送他酒喝。

据史书记载，刘邦长得比较帅，胡须飘然，英俊潇洒。当时应该有很多女人喜欢他，但刘邦一个都没看上，因为他想娶一个对他事业有帮助的人，至少家里没有拖累。沛县是泗水郡的郡治，相当于省会，按说也算大城市，但这样的女人还是不那么好找，所以一直拖到四十岁，刘邦还是单身汉。直到有一天，一个大户人家的二女儿吕雉降临。

吕雉的父亲吕公，原先是隔壁的单（shàn）父县人，因为在本地结

刘邦像

下了仇家，怕遭到报复，举家迁徙到沛县，他背景不俗，和沛县县令是故交。

沛县县令很高兴地接待了故友，他对侄女辈的吕雉也一见钟情，当即向故友表达了迎娶吕雉的良好愿望。吕雉的母亲吕媪想答允这门亲事，因为县令秩级为六百石，在当时算得上高干。然而吕公果断地拒绝了老友的请求。对这个女儿，他一直有长远的考虑，因为她颇有姿色。父亲想把女儿的作用发挥到最大，不肯轻易出手。

好在沛县县令比较大度，对故友的拒婚并不在意，照样大排筵席，为故友接风洗尘。请客的消息一传出去，客人立刻蜂拥而至。谁都知道这是讨好县令的一个重要机会，礼品的轻重和在县令心中的印象成正比，谁也不敢吝啬，对县令吝啬，命运就会对自己吝啬。

在摆酒宴的那天，县令特地派了自己的主吏掾萧何负责接收礼金。萧何在沛县，地位仅次于县令，掌管整个县邑官吏的考核与任免，谁想做官，都得拍他的马屁，但他和刘邦是好朋友。络绎到来的客人鱼贯报上自己的姓名和礼金，萧何吩咐一一记账，并声明：凡是送礼钱数不超过一千钱的，一律坐到堂下的院子里，没有资格和县令亲近。

在当时，一千钱不是个小数目，一个普通工匠每天的工资只有八钱，一千钱相当于他三四个月的工资。刘邦身为亭长，月薪大概也就五六百，一千钱也几乎相当于他两个月的收入。但他一走进庭院，就信口开河："我送一万块。"其实他一分钱也没带。

周围的人都惊呆了，坐在堂上的吕公这时亲自出门迎接刘邦，亲切地拉着他进屋，并引入座位。刘邦当仁不让坐到了上座，县令的酒宴仿佛成了他表演的舞台，他对堂上诸客一如既往，嬉笑怒骂。吕公觉得这个人不同寻常，酒宴结束时，他诚恳地对刘邦说："我自小喜欢给人看相，看过的相也够多了，但从来没有比你好的，我有个女儿尚未婚配，如果你愿意，就嫁给你当老婆如何？"

这当然是天上掉下来的好事，以吕公的财力，又是县令的朋友，攀上这门亲，还愁没钱花？刘邦满口答应。刘媪非常愤怒，指责自己的丈夫："你平时常说，这个女儿一定要嫁给贵人，不能轻易出手。沛县县令对你那么好，你也不肯给他。现在你昏了头，想送给刘季，他算什么贵人？"

吕公语重心长地说："女人头发长，见识短，跟你说了，你也不会明白。"

四十多岁的刘邦终于正式结束了他的单身生活，成为有家室的人。很快，他有了两个孩子，头一个是女孩，史书上没有记载她的名字，只因她后来被封在鲁县，被称为鲁元公主。第二个男孩，就是后来的汉惠帝，名叫刘盈。刘盈出生在公元前210年，秦始皇还能活一年，天下已经有大乱的趋势。

由于工作原因加路途较远，结婚后的刘邦常常以亭舍为家，想回去探亲，只能向上级请假。自古以来，男人一旦成家，总会培养一点责任心，刘邦也不例外，往常极讨厌农活的他，碰上农忙时节，也会请假回去帮忙。大约就在刘盈出生的这年夏天，他又请假回去收割。中间休息时，刘邦去附近农舍串门，只留下吕雉带着两个孩子在田中，这时来了一个老翁，向吕雉请求："给点水喝吧。"

农妇吕雉那时还不失普通百姓的淳朴，她不但给了老翁水喝，还送给了他食物。老翁吃喝完毕，看了看吕雉，说："夫人，看你的相貌，实在是天下贵人啊。"

那时的人相当迷信，看相之术大行其道，为百姓深信。吕雉欣喜，当即要求："再帮妾看看两个孩子吧。"

老翁看看刘盈，说："夫人，你之所以能够富贵，都因为这个孩子。"又看了看女孩："命也不错，富贵不凡。"

一会儿，刘邦施施然回来，吕雉当即告诉他刚才的奇事。刘邦急忙问："那老翁走了多久？"

"才走。"吕雉回答。

刘邦早已跑出去几丈远，他跑得很快，轻松地追上了老翁，老翁没有辜负他追赶的盛情，给了一个他十分满意的答案："刚才那位夫人和孩子之所以富贵，都是来源于君，君之相貌，实在贵不可言。"

刚刚经历过农事辛苦，一身臭汗的刘邦心中狂喜，当即许下诺言："如果真如老父所说，恩德没齿不忘。"大约还讨问了门牌号码，预备他年兑现。但史书上说，刘邦发迹后，再也找不到这位老翁，估计这也只不过是个传说。

斩白蛇落草为寇

秦国自用武力统一天下之后，以为靠武力可以把王朝传到千秋万代。他们不恤民力，倒行逆施，对外扩张，对内镇压，动辄严刑峻法。很快，一帮被征发到渔阳戍卫边境的军人，在一个叫大泽乡的地方起兵造反了。这次起义也是迫于无奈，因为戍卒们在途中遇上大雨，而按照秦朝律令，不能按时赶到戍所，全部要斩首。在这种绝望的情绪下，戍卒中的两个小军官陈胜、吴广就密谋起义。他们成功干掉了押解他们的军尉，开始了中国历史上第一场轰轰烈烈的农民起义。

陈胜、吴广起义时，刘邦已经四十七岁了，年近半百，正在家乡附近的芒砀（dàng）山密林里当土匪。这是怎么回事？他不是秦朝沛县地方政府的公务员，官居泗水亭长么？怎么竟然沦落成了土匪？

这跟秦始皇陵墓有关。

古时候一般老百姓死了，很好办，花两三天办点仪式，再雇辆板车，叫上两三个亲戚拉到山上挖个坑埋掉，半个下午就能解决问题。但秦始皇不行，他的陵墓在骊山，从他即位为秦王那年起就开始破土动工，整整修建了三十九年，民工数量最盛时达到八十万，陵园占地近八平方公里，相当于一座城市。这么大的工程，当然需要庞大的人力资源，这些人力资源，秦政府一直是从天下郡县轮流征发的，反正百姓的劳动免费，不用白不用。秦始皇刚即位的时候，就开始遵循秦国传统，为自己修建陵墓。几十年来，耗费了数不尽的人工物力，只要他活着一天，陵墓就一天不会停工。因为帝王的陵墓是开放式的，活一天，就要按规矩扩大一天的规模，只有死后，工人们才会封存陵墓，再转而为新即位的皇帝开辟新的陵墓。这是秦朝专制社会的恐怖之一，无数人因为修建陵墓，被活活累死在工地。

除了骊山苦役之外，其他徭役也很不少。刘邦自己就曾经去咸阳服过徭役，还曾经亲眼目击了秦始皇在咸阳街上巡视的巨大排场。当时他羡慕得涎水滴答，长叹了一声，说："大丈夫当如此也！"

有一天，征调民工去骊山服役的命令再次下到沛县，县令不敢怠慢，派刘邦押送一伙民工出发。众所周知，一旦被押赴骊山，就有回不来的危险。因为工作强度太大，伙食太差，还随时会遭受难以预料的凌辱，死亡率之高，几乎和上战场差不多。所以才出发不久，民工们就像兔子一样纷纷逃亡。刘邦掏出腰中的算筹计算了一下，当即吓了一跳，以这种逃亡速度，只怕这支民工队伍还没出泗水郡，自己就会成光杆司令。他略作考虑，立刻做出了一个明智决定。

队伍磨磨蹭蹭来到了丰西泽的一个乡野小亭，正是夕阳西下，转眼新月当空，湖边芦苇密布，草虫喓喓（yāo）。刘邦下令停下来歇息，他要了一坛酒，大碗大碗地喝，直喝得半醺，一拍桌子，对剩下的民工说："诸君，跑了这么多人，我就算到咸阳也交不了差，干脆你们一起滚蛋，我也落草为寇算了！"

有十来个民工很感动，说："大哥，我们就算逃了，也不敢回家。不如干脆跟您走。"

刘邦大喜："好，那我们就上山干一番事业。"

上山能有什么事业可干？无非是当强盗。既然打定了主意当强盗，当然不能再住官方驿站，于是连夜出发，披着月色往西走，因为西边的砀郡境内有一片地方山高林密，适合落草。路上要穿过丰西泽，芦苇丛中是一条小路。因为夜深，刘邦怕前面有什么不测，命令一个人开路，这人去了不久，就上气不接下气地跑回来："大哥，前面当道有条大白蛇，我们还是另找一条路吧。"

刘邦醉醺醺的，本来就有些不清醒，也不想在民工面前丢脸，当即骂道："壮士走路，怕什么蛇。"摇摇晃晃提着剑上前，一剑下去，蛇断为两截。

道路畅通了，一行人继续往前走，走了几里地，还没走出湖区，他们又累又困，躺倒就睡。睡得正酣时，刚才斩蛇的地方却发生了一件怪事。

据《史记》记载，在刘邦斩蛇走后，又来了几个走夜路的，他们看见一个老太婆坐在断蛇处哭泣，于是问："这么晚了，在这哭什么？"

老太婆抽噎着说："我的儿子被人杀了。"

汉代画像砖《高祖斩蛇》。左边一戴冠男子双手执钺,钺折人仰,右边的刘邦张口瞪目,手执长剑,力斩身前长蛇。

大家都有些同情，想问个究竟，以便让自己的同情更具体："请问您老人家的儿子是被谁杀的？"

老太婆说："我的儿子是白帝的儿子，化身为一条白蛇，卧在这条道上。刚才他被赤帝的儿子杀了，所以我在这哭。"

原来是个疯婆子，大家恍然。有的人更是不忿，觉得自己刚才的同情被滥用了，想打老太婆几下出出气。手还没伸出去，老太婆却倏忽一下，消失得无影无踪。于是他们相信，果然碰上了神仙。

见到刘邦，他们七嘴八舌地说起这件古怪的事。刘邦欣喜若狂："真的啊，实话告诉你们，那蛇是我杀的。"

这个故事当然也应该是瞎编的，不可当真。所谓赤帝子、白帝子之类的说法，来自当时盛行的五德终始说。古人认为西方代表白色，由白帝少昊统治，秦国位于西方，早在秦襄公的时候，就开始祠祀白帝；而南方代表赤色，由赤帝神农统治，据说上古帝王尧就是赤帝的子孙。汉朝皇室自称是尧的后代，但汉称火德是很晚的事，汉初是自以为水德的，武帝时改为土德。所谓火德，是王莽为了篡位编出来的。这个故事虽然在司马迁时的《史记》中已经记载了，但我们现在看到的《史记》远不是司马迁当初的原本，而是东汉时期改定的。所以，《史记》里这段故事有可能是后人加上去的。

《史记》上还说，从此以后，刘邦身边的人都吓得要死，认定刘邦一定是真命天子，跟着他有肉吃，个个痛下决心，对刘邦不离不弃。我们也只能姑妄听之。

游侠天子刘邦

发兵起义

刘邦放跑农民工，自己又带着一部分农民工遁入山中落草，这事自然很快就传到了沛县县廷。按照秦朝法律，刘邦的妻子儿女都要受牵连。因此，吕雉被链子一套，关进了牢房。换了一般人，只怕很快会被发卖。但吕雉没有，甚至她在牢房里过得还不错。因为刘邦的人脉实在太不一般，官府中很多人是他哥们，能护着都尽量护着。有一回某个狱吏不吃这套，像对其他囚犯一样，对吕雉也搞了点虐待，结果被另一个叫任敖的狱吏打了个臭死。按理说，这问题很严重，任敖明目张胆地袒护反贼的家小，完全可能被查办。但从史书上来看，他似乎也没什么事，而且特别奇怪的是，吕雉没多久就被放了出来。也许有人会认为，吕雉肯定在狱中写了悔过书，决心和刘邦划清界限，从而得到了政府的宽大处理。但这是根本不可能的，一则秦朝法律没有这种规定，二则从史书上来看，吕雉非但没有和丈夫划清界限，反而经常偷偷去芒砀山中探望刘邦。而且就这件事，司马迁又对刘邦进行了神化。

司马迁说，刘邦之所以躲进深深的芒砀山中，是因为听说秦始皇要亲自巡视东南。而秦始皇之所以要巡视东南，又是因为听方士说，东南一带有天子气，决定自己亲自跑一趟来响应这个事。但刘邦却怀疑，秦始皇这么做是针对自己，因此这件事就顺理成章被后世史家看

成刘邦素有大志的表现。司马迁说，刘邦躲进山中，一般人都找他不到，只有吕雉去的时候，一找一个准。刘邦很奇怪，问吕雉："这是怎么回事？我躲得可是够隐蔽啦。"吕雉说："你不知道啊，你所在的地方上空常常有五彩的云气，所以我找你，不费吹灰之力。"

这个故事当然是编来作宣传的，目的是让大家坚信刘邦是真命天子。总之，这么一来，沛县的子弟们越发崇拜刘邦，都想跟着他，为他卖命。

不过刘邦做山贼，也没做出什么出息。如果陈胜晚起义十年，以刘邦的年纪，只怕再也折腾不出什么大浪来了。好在这一年刘邦才四十七岁，不算太老，而且这个年龄，阅历丰富，情商饱和，精力相对还算充沛。综合来看，这简直是刘邦一生中最黄金的阶段。再年轻点，或者老点，都算过犹不及了。

沛县离陈胜起义的大泽乡很近，如果陈胜认识刘邦，想邀请他参加革命，发个快递第二天就能到。当然陈胜没有邀请他，邀请他的，竟然是沛县的秦朝父母官，沛县县令。

这封邀请书是樊哙带到芒砀山中来的，山寇刘邦从此可以出头了。沛县县令为什么也想参加革命呢？

因为革命浪潮已经风起云涌，各地百姓纷纷走上街头，围攻当地政府，杀掉官吏，举起了造反的大旗。沛县县令见事不妙，也想出头搞个"咸与维新"。他手下的两个得力下属萧何和曹参别有用心地劝他："您是秦国的官吏，如今想背叛秦朝，率领沛县百姓干一番事业，只怕百姓不肯听从。臣建议您召回本县逃亡在外的人，可以聚集数百人，以他们胁迫百姓，百姓则不敢不听。"

游侠天子刘邦

逃亡在外敢反抗政府的人，显然都有一定的胆略。况且他们都是本地人，在地方上有很深的人脉。县令知道，不依靠他们不行，于是派人四处通知，其中樊哙被遣去召刘邦进城，共商大事。

樊哙是沛县屠狗出身，属于刘邦的死党。刘邦蛰伏芒砀山中的时候，樊哙经常秘密往来于沛县、芒砀山两地，负责传递消息。刘邦这时手下已经有上百人，看了樊哙带来的书信，大喜，当即带着众人赶往沛县。

谁知这时沛县县令突然反悔，大约是担心自己的位置被刘邦取代，他下令紧闭城门，不放刘邦等人进城，并立即派人逮捕萧何、曹参。谁知这两个家伙眼线极多，早翻墙爬出了城门，一溜烟投奔刘邦去了。刘邦一看不妙，在帛上写了一封书信，用箭射到城上，信上说：

> 天下苦秦久矣。今父老虽为沛令守，诸侯并起，今屠沛。沛今共诛令，择子弟可立者立之，以应诸侯，则家室完。不然，父子俱屠，无为也。

这信貌似关心乡亲，实则语气中充满了恐吓。不过当时形势确实如刘邦所言，沛县父老也很清楚，要保全性命，只有杀掉沛令，响应刘邦。至于到时秦兵反扑回来怎么办，那谁顾得上，先把眉睫的危险应付过去再说，反正到时还有刘邦等人顶缸。他们当即发起暴动，一起进攻县廷，顺利地干掉了县令，大开城门迎接刘邦，并推举刘邦为沛令。

刘邦假装谦虚："如今天下大乱，诸侯并起，如果选的领导不对，将一败涂地。我不是顾惜性命，而是怕能力不够，害了大家。希望大家再想想，挑选一个更合适的人。"

乡亲们于是把眼光投向萧何、曹参，这两个人也是有名的土豪，尤其萧何，本来就是沛县县廷第一掾吏。谁知两人坚决推辞，说自己能力差，还是刘邦最合适。其实他们担心将来秦兵万一平息暴乱，自己作为主犯会遭到族诛的命运。如果仅是从犯，顶多个人掉脑袋，家里人还可以活命。

　　乡亲们无奈，又都来劝刘邦："以前听说过您不少神迹，只有您才能担当大任。"

　　刘邦又假装推辞了多次，但他当年编造那么多神迹，就是要骗得老百姓景仰的，所以推辞并不诚恳。而其他人或者威望不够，或者顾虑重重，也没有一个肯接受，最后还是刘邦接受了推举，自封为沛公。楚国县令称"公"，这是恢复楚国的官职。他下令祭祀黄帝和蚩尤，把旌旗全部染成赤色，征召到沛县青壮共三千人，蜂拥冲出沛县，进攻北面不远的城邑胡陵和方与。

位于河南省永城市芒砀镇的芒砀山风景区。芒砀山地势险峻，是进入中原腹地的天然屏障，有"天然城堡"之称，在古代常是兵家必争之地。

游侠天子刘邦

偶遇张良

　　虽说成功起义，但刘邦率领的人毕竟是临时征集的百姓，战斗力不强。刘邦等人在胡陵和方与遭到了秦军迎击，没有战果，只好撤兵，回守丰邑。十月，秦朝泗水郡的监御史名叫平的，听说刘邦造反，立刻率兵围住了丰邑。两天后，刘邦率兵鼓噪出城迎击，大概是孤注一掷，竟然幸运击破秦军。十一月，刘邦让雍齿守卫丰邑，自己率兵进击东北方向的薛。秦朝泗水郡的太守叫壮，在薛县和刘邦激战，大败逃到戚县，碰到刘邦的部下左司马得，两军交锋，左司马得军大败秦军，斩太守壮，秦朝在泗水郡的行政机构就此瘫痪。刘邦亲自率军到亢父，再次进击方与，还没攻下，却听说后院起火，他的老巢丰邑被雍齿出卖了。

　　雍齿，原先也是沛县的富豪，当地一霸。当年刘邦在沛县街上打天下，和以雍齿为首的团伙发生冲突，从来没占过便宜。史书上写雍齿"数窘辱"刘邦，很可能他认为自己才干远超刘邦，凭什么刘邦当沛公，他雍齿当不上？雍齿很想自力更生，艰苦奋斗，自己拉起一支队伍单干，至少不依靠曾被自己羞辱的刘邦。正在这时，一个叫周市(fú)的人向他伸来了一双相助的臂膀。

　　周市是魏国人，原先是陈胜的部下，陈胜派他去收复魏地。他干得精神抖擞，很快战果丰硕。这时陈胜的另外两个部下分别自立为赵

王、燕王。周市的部下不服气，劝上司效法他们。周市不肯，他看中了一个故魏王族叫魏咎的人，想拥立他为魏王，自己当丞相。但魏咎这时人在陈县，无法回国。齐、赵两国都表示，愿意拥护周市为魏王，周市却坚决虚位以待魏咎。同时他也并没有闲着，而是制定了快速哄抢地盘，扩展魏国实力的国策方针。但他微不足道的军队在东方狄县遭到了故田齐王族田儋的抵抗，灰溜溜撤出齐地，只好改向南方发展。听说雍齿守丰，他派人对雍齿说："丰邑很早的时候是魏国的地盘，后来才被楚国霸占了去。如今魏国复国，想收回丰邑，你要是肯投降，封你为侯，仍旧当丰邑长官；如果不肯，我们将发兵屠城。"雍齿权衡利弊，答应了周市的建议。

消息传到刘邦耳朵，刘邦立刻率兵回击丰邑。但丰邑城池坚固，仓促间攻不下。刘邦悻悻地撤到沛县，对雍齿恨得咬牙切齿。他心情晦暗，听说有个叫秦嘉的人，在附近的留县建立了楚国政权，立了一个叫景驹的旧楚贵族为楚王，决定去投奔，想借点兵回来继续攻打雍齿。

秦嘉，凌县人，出身不详，总之很有胆略。陈胜起兵后，他和众人一起揭起了起义的大旗，首先进攻所在东海郡的郡治郯县。陈胜听说后，派了一个封号为武平君的人赶到郯城，想接管秦嘉的军队。秦嘉当然不愿意拱手交出军队，但鉴于陈胜名气太大，不敢明目张胆反对，表面上虚与委蛇了一阵，最后还是忍不住，耍了一个诡计，假传陈胜的命令，把武平君干掉了。接着他又听到陈胜战败，生死不知的消息，感觉不妙，于是找到一个叫景驹的人，立为假王，决定建都留县，并引兵到方与，想和秦军在定陶决战，同时派公孙庆出使齐国，要求

游侠天子刘邦

齐国发援兵，并力击秦。齐王田儋见到公孙庆，有些诧异，说："陈王战败，还不一定就死了呢，你们怎么不和我们商量一下，就新立了楚王，这样不大好吧？"公孙庆很倔犟，反驳道："你立为齐王，也没和我们商量啊。况且起义是我们楚国发起的，我们有领导天下义军的资格。"田儋大怒，当即吩咐："将这人推出斩首。"

景驹、秦嘉听说后懊恼不已，心想单靠自己的力量，是无法攻打秦军的。没人帮忙，他们只好暂时驻扎在留县观望，个个焦急万分，因为秦兵已经逐渐逼近。

这时刘邦正走在去留县的路上，他发现前面有一支稀稀拉拉的队伍，大约三四百人，首领长得白白嫩嫩的，一看就是养尊处优的公子哥。这个公子哥不是别人，正是故韩贵族世家子弟，名叫张良，表字子房。

张良，祖父张开地，当过韩国三朝的丞相；父亲张平，当过两朝的丞相，家族几代为相，富贵无比。韩国灭亡时，张良家里还蓄养有家僮三百人。对秦王朝，张良怀着刻骨的仇恨，弟弟死了，他连下葬都舍不得花钱，把钱全用在结交朋友、寻找刺客上。他在陈县拜师学礼学，认识了一个叫仓海君的人。仓海君这家伙交游广，认识不少江湖人物。张良求他帮忙找能用的刺客，刺杀秦始皇。仓海君介绍了一个铁椎力士，力大无穷，六十斤的铁椎挥舞如飞。

秦始皇二十九年，秦始皇东游的车队经过博浪沙，当时天气不好，风沙遮天蔽日，能见度极低。张良一声令下，铁椎力士呼啸冲出，拦住了秦始皇坐的大车，大铁椎一挥，轰然一声，大车散架。

张良满以为这回砸死了秦始皇，谁知砸中的只是副车。秦兵当即围了上来，张良命好，靠着恶劣天气的掩护，顺利逃出。秦始皇气得要

近代吴鼒(hé)绘《张良拜师》扇面

死，下令大索天下，通缉刺客。张良逃到下邳(pī)，隐姓埋名躲藏了起来。在那里，他拜得一位神秘老人为师，学了《太公兵法》(太公，指西周开国功臣姜子牙，相传他精通兵法)。

就这样，张良躲在下邳，一边苦读《太公兵法》，一边结交各地豪杰。转眼十年过去了，终于等到了陈胜起义。张良也听说秦嘉立了景驹为楚王，驻扎在一步之遥的留县，就带着三四百人去投奔景驹。正巧，在路上碰到了刘邦。

两人一番交流，刘邦大开眼界，觉得张良非常有水平，足智多谋。张良也很奇怪，以前他给别人讲自己所学的《太公兵法》，别人都听不懂，而现在刘邦却听得津津有味，很快就掌握了精髓。张良暗想，这人有天分，跟他混不会错。于是决定一直呆在刘邦身边，不投靠景驹了。刘邦拜张良为厩将，一起去见景驹，想搞一点兵马进攻丰邑。

景驹接见了刘邦，刘邦的借兵要求，他当然不能答应。因为这时秦将章邯和部下司马夷，自击破陈胜后，一路狼奔豕突地平定楚地。摆在面前的迫切任务，不是干掉雍齿，而是抵挡秦兵。景驹要刘邦一起去跟秦兵对决。

游侠天子刘邦

于是，刘邦跟随景驹政权的另一个领导人东阳宁君，一起引兵西进，到了萧县西，和司马夷率领的秦军相遇。双方鏖战，刘邦军不利，退回到留县，转而领兵攻砀县，三天后，占领砀县。在砀县，刘邦又收罗了六千士卒，加上原先的三千，共九千人，北上进攻下邑，也顺利攻拔。又继续向东北进发，进攻丰邑。正在高兴的时候，突然一个坏消息传来，说秦嘉被一个江东来的名叫项梁的人杀死了，故主假楚王景驹逃亡去了魏国。

多知道点

张良和《太公兵法》

张良击杀秦始皇失败后，逃到下邳。有一天，张良在桥上散步，遇到一位坐在桥上的老人，老人故意把鞋掉到桥下，命张良到桥下去捡。张良当时第一反应是想揍他，不过看他挺老的，还是强忍着把鞋捡了上来。老人得寸进尺："给我穿上。"张良虽然极不情愿，但心想捡都捡了，干脆好人做到底，于是跪下恭恭敬敬地给老人穿上。老人很高兴，约定五日后的凌晨在桥上碰面。

五天后，张良起了个大早，但赶到桥上时，发现老人已经等在那里，怒气冲冲地对张良说："怎么回事？和老人约会，竟然迟到？回去，过五天再见。"说着倏忽不见了。

张良羞惭地回去了。五天后，鸡刚刚打鸣，张良就赶到桥上，结果老人又比他先到，老人怒道："又迟到，怎么回事？五天后再见吧。"

张良憋着一肚子气回去，又过了五天，他干脆不睡觉，半夜就到桥上等着，这回倒真赶在老人前面。老人高兴地说："不错不错，孺子可教。"说着从身上掏出一卷书，递给张良道："把这个读熟了，可以当帝王师，十年后就能兑现。之后再过十三年，我们将再会于济北的谷城山下，那里有一块黄石头，那就是我。"说完又不见了。

张良坐在桥上等到太阳出来，把书翻开一看，封面上四个大字：太公兵法。原来是姜子牙传下来的宝贝。张良越发敬畏，天天诵读。

后来，张良成为刘邦的得力军师，献计献策，帮助他建立了汉王朝。

投奔项梁

项梁到底是什么人？他为什么要杀死秦嘉？我们也必须追溯一下。

和陈胜这种泥腿子、旧军队中的小军官不同，项梁出身不凡，是故楚的军事贵族世家，有楚国王室血统，祖先因为有功被封到项地，所以一家子人都以项为氏，他老爸就是陈胜假借声名以造反的楚将项燕。项燕很擅长用兵，在战国末年秦楚决战时担任楚国大将，曾创造过三天三夜追赶秦军不停脚步，最后破其壁垒，斩七都尉的伟大功绩。可惜楚国综合国力不如秦国，最后他仍旧战败自杀。

楚国灭亡后，项氏家族大多聚居于老家下相。项梁有个侄子叫项羽，自小肌肉发达，成年后身长八尺，力能扛鼎。但学习没有恒心，读书击剑都只是浅尝辄止，半途而废。项梁开始很气愤，项羽辩解道："读那么多书干啥，会写自己的名字就行了。学击剑，不过是匹夫之勇，意思也不大。我想学万人敌的功夫。"项梁大喜，觉得这个侄子志向太高远了，于是教项羽兵法布阵。项羽起初也很兴奋，但照样只是三分钟热情，没有学完，但项羽打仗非常厉害，估计他看了几页兵书，就知道兵法的精髓，其他只要在战场上随机应变就行了。项羽是个军事天才。

项梁在家乡屡次惹事，都靠关系摆平了。后来又杀了个人，怕对方

位于江苏省宿迁市项王故里景区的项羽雕塑。雕塑中项羽跨战马，右手勒缰，左手握腰间宝剑，威风凛凛。

上门报仇，于是带着项羽跑路，一溜烟逃到了吴中。由于他有些名气，吴中当地的贤士大夫也都对他很敬服。

不久，陈涉在大泽乡揭竿而起，两个月后，会稽郡政府的一个使者来找项梁，说是会稽太守殷通派他来请项梁去商量大事。

项梁立刻叫上项羽，赶到会稽郡政府。太守殷通也想趁机起义，要项梁叔侄帮他。但殷通低估了项梁的野心，项梁这时候根本不想带殷通玩。于是他和项羽在墙角一阵交头接耳："侄儿，你把武器带好，站在这等，我到里面一叫唤，你就进来准备杀人。看我的眼色行事！"很快，项羽凭借惊人的武力，快速闯入大厅，斩杀了殷通，又独自左冲右突，一口气干掉了殷通手下上百人，无人能挡。其他的吓得瘫倒在地，一动也不能动。项梁就这样自封为会稽太守，宣布起义反秦，发兵进攻附近尚为秦政府管辖的县邑，以扩大根据地。陈胜的几支军队和章邯决战之时，项氏叔侄一直在会稽周围活动，攻占了不少县邑，基本平定了江东，然后决定北上。

这天，项梁迎来了一个来自江北的使者，该使者是一个叫召平的

游侠天子刘邦

人派来的。使者宣称，他带来了陈胜的命令，宣布拜项梁为上柱国。

召平，广陵人，很早就遵陈胜的命令进攻广陵，却战斗不利，久攻不下。一直拖到腊月，吴广、陈胜等人都相继兵败身亡，他的军队还在广陵徘徊。眼看章邯的大军就要到来，他感觉不妙，听说会稽的项梁也已经反秦，并且统一了江东，觉得可以引为同志，于是派人渡过长江和项梁接洽。他伪造了陈王的命令，给项梁加官进爵，目的是要他立刻率兵北渡长江，进攻秦军。

项梁当即拍板，率领八千精兵渡江，西伐秦国。路上他听说附近的东阳也发生了起义，本着人多力量大的心理，他派人去联系起义军的首领陈婴，要求两军会师，一起西进。

陈婴原先是秦朝东阳县政府的令史，为人忠厚，很得当地百姓爱戴。陈涉一起兵，东阳当地少年就杀掉县令，聚集了两万人，要求拥立陈婴为王。陈婴的母亲很有见识，对儿子说："自从我嫁到你们陈家以来，从来没听说陈家出过大人物，今暴得大名，不祥。不如找个主君投奔，事成犹得封侯，不成也可以逃亡，不当头领就没人认识。"陈婴听从母亲的劝告，对百姓们说："我威望不够，江南的项氏世代都是楚国名将，倘要成大业，非尊奉项梁不可。"大家觉得有道理，就决定投靠项梁。

项梁大喜，率领他们全部渡过淮河，一路上又碰到了不少游荡的起义军，项梁像磁铁似的一一吸纳，其中有两支军队比较重要，一支由原秦国刑徒英布率领，一支是不知所自的蒲将军集团。他们和陈婴一起，将成为日后项羽麾下的三支重要力量，尤其是英布，极为骁勇善战，常常作为项羽军的先锋，斩将搴（qiān）旗，为项氏立下了赫赫

战功。

总之，项梁的八千精兵，就此发展到了六七万人，他们浩浩荡荡行进到下邳，驻扎了下来。

此刻在下邳北部的城邑彭城，驻扎着秦嘉的军队，他们是阻挡项梁北上的。按理说，两家都自称是楚国军队，应当戮力一心，共同抗秦才对。但秦嘉早先不听陈胜的命令，矫诏杀了武平君，又擅立景驹为王，把陈胜抛到一边。项梁也不高兴，他决定北上，干掉秦嘉，兼并他的军队，扩大自己的实力。他号召道："陈王有首义之功，如今战败不利，死活不知，秦嘉就背叛陈王而立景驹，大逆不道。"

接下来项梁和秦嘉的军队在彭城大战，项梁一方由猛将英布充当先锋，势如疯虎，秦嘉不是对手，大败，率领残部沿泗水向上游逃窜。项梁马不停蹄在后追赶，一直追赶到胡陵，秦嘉不得已，回身再进行决战。双方血战了一整天，秦嘉战死，他的革命战友朱鸡石等率残军投降了项梁。景驹则独自逃往魏国，后来死在魏地。

项梁击并了秦嘉军，兵力大盛，达到十多万人。他继续西进，意欲寻击秦军。这时章邯军驻扎在栗，项梁派朱鸡石和余樊君两人去打章邯，派项羽去攻打襄城。朱鸡石和余樊君哪是章邯的对手，一战之下，余樊君战死，朱鸡石仓皇逃回胡陵，项梁将军队开拔到薛，将朱鸡石捉来斩首。而项羽军却很顺利攻拔襄城，大概是因为襄城抵抗顽固，城破后项羽下令将城中人全部坑杀，第一次显露了他暴虐的本性。

二世二年四月，在丰县围攻雍齿的刘邦听说项梁的战绩，很识时务，当即率领一百多骑兵赶赴薛县，向项梁输诚。项梁对刘邦印象很

游侠天子刘邦

不错，大方地给了刘邦五千人，还有十个爵位为五大夫的带兵首领，让他独自率兵行动。

一下子多了五千兵马，刘邦大喜，迫不及待再去进攻丰邑。雍齿没想到刘邦这么锲而不舍，心理终于崩溃，弃城而逃，跑到魏国去了。

两个月后，秦将章邯率军击破魏王咎的军队，魏王咎自杀。而这时，项梁正和各地将领在薛县开会，商量下一步计划。

刘邦也赶回薛县开会。会上，一个叫范增的人劝项梁："陈胜战败，是合乎情理的，因为他太贪心，竟迫不及待自立为楚王。昔秦灭六国，楚最无罪。秦王狡诈不义，当年骗楚怀王到秦国，扣留不放，要求割地。怀王宁死不从，最后死在秦国，我们楚国人闻之莫不伤心。楚国南公说：'楚虽三户，亡秦必楚。'现在您起兵江东，楚地的将领之所以纷纷投奔您，是因为项氏世代为楚将。您一定要吸取陈胜的教训，立楚王后裔为王，才可以灭亡秦国。"

项梁于是在民间找到一个楚王后裔叫熊心的，当时已经沦落为放牛娃，将他拥立为楚怀王，建都盱眙，拜陈婴为上柱国，项梁则自号为武信君。项梁还派项羽和刘邦一起去攻打附近的城邑。

刘邦跟着项羽攻拔了雍丘，斩杀了秦三川太守李由，这是一次巨大的胜利，因为李由是秦朝丞相李斯的儿子。与此同时，项梁也刚刚两次击败秦将章邯的主力部队，驻扎在定陶城外，听说侄子斩了李由，不由得骄傲起来，原来秦军这么不堪一击啊！有个谋士宋义劝项梁不要骄傲，项梁哪里听得进去，觉得宋义在身边很聒噪，派他出使齐国。

宋义猜得很准。章邯得到了秦国输送的大批援兵，深夜发兵，衔

枚袭击项梁的军营，大破项梁军。项梁战死。

那边，项羽和刘邦斩李由后，继续进攻外黄，外黄秦军坚守不降。因为三个月来一直淫雨霏霏，实在不是打仗的好季节，所以楚军战事不利。项羽和刘邦一商量，决定放弃外黄，转攻陈留，但也徒劳无功。正在这时，项梁战死定陶的噩耗传来，这给了楚军一个沉重的打击，士卒大为惊恐，城哪里还攻得下去？项羽和另一个将军吕臣带兵撤退到彭城，把楚怀王从盱眙迁到彭城，改以彭城为都。吕臣屯兵到彭城东，项梁屯兵到彭城西，而刘邦则被派屯兵到砀，准备一起抵御章邯。

项梁的死，对刘邦倒是件好事。如果项梁活着，独揽楚国朝政，刘邦只怕永远没有独当一面的机会。项梁一死，让徒有虚名的楚怀王松了口气，他想抓权，借着其他将领对项梁跋扈的不满，他派刘邦独自率军去进攻关中，而派项羽跟着宋义去进攻章邯。又制定协议："谁能率先攻入关中，秦国就是他的。"虽然项羽极力要求自己去进攻关中，但楚怀王不肯答应。

刘邦真可谓碰到了命中贵人，没有这项不公平的政策，刘邦是很难出人头地的。

游侠天子刘邦

壮大队伍

  项羽跟着宋义走了，去营救被秦兵围住的赵国。但宋义率领楚军走到半路，就停了下来，天天摆宴，还把儿子送到齐国去当官。因为他前不久劝谏项梁不成，项梁打发他出使齐国，齐国人后来发现项梁果然战死，很佩服宋义的谋略。所以宋义跟齐国上层有了一点交情。

  楚军驻扎安阳，一口气呆了整整四十六天，整天饮酒高会。此刻北方已经进入隆冬，气候十分寒冷，间或冻雨洒尘，士卒痛苦不堪。项羽劝宋义："我们应该赶快渡过黄河，和赵国里应外合，击灭秦军。"

  宋义对章邯其实怀着深深的恐惧，根本不敢去巨鹿救赵，他拒绝项羽："能制服牛的牛虻，却对付不了虮虱。尺有所短，寸有所长。如今秦兵围困巨鹿，倘若他们赢了，自己也会筋疲力尽，那时我们再渔翁得利；如果他们输了，我们则以精力充沛的兵马一路西进，谁敢跟我们争锋？所以，不如让他们先打个你死我活。"并且下令军中："有敢于凶猛如虎、固执如羊、贪婪如狼的，马上斩首。"

  项羽窝着一团火，暗起杀机。正巧宋义亲自送儿子去齐国当丞相，一直送到无盐，迟迟舍不得跟儿子告别，天天大排酒席，饯不完的行。项羽气坏了，决定用对付殷通的办法对付宋义。这天早上，他照常去朝见宋义，进入帐中就开杀戒。宋义哪里是他的对手，被他轻松将首级斩下。诸将知道项羽勇猛，纷纷表态拥立项羽为假上将。项羽派

人去追杀宋义的儿子宋襄，自己则立刻开拔救赵。

在巨鹿，项羽破釜沉舟，威风八面，将秦将王离的主力军队击溃，解了巨鹿之围。章邯率领的另一支秦军吓得在旁边观望，双方暂时对峙起来。

而这时候，刘邦也没闲着，正加紧西进，想抢得秦王的宝座。从二世二年的九月，刘邦获得进攻秦本土的权利开始，他首先到了自己的根据地砀，从砀北攻城阳和杠里，和秦将王离属下的别军作战，打了一场胜仗，破其壁垒；十月，又转而南下，于成武进攻秦兵。成武是东郡都尉的治所，刘邦大败东郡都尉，十二月，引兵继续南下，至栗，碰到了一个爵号为刚武侯的人，大概是当时的一支游击队。刘邦要求跟对方搞联合，对方竟答应了，刘邦于是又增加了四千人的军队，一路前进，遇到魏将皇欣、武满，不假思索上去就打，大破秦军，占领了栗县。

二世三年的春二月，夺得栗县的刘邦继续引兵北上，进攻昌邑，在这里他碰到了一个将来的亲密战友——彭越。

彭越就是昌邑本地人，史书上称他字"仲"，这其实不算正式的字。彭越家里穷得叮当响，估计也没有正式名字，和刘邦一样，大概人们也叫他"彭老二"。

昌邑附近有个大湖，名叫巨野泽。彭越从小给人帮佣，后来躲进巨野泽中做湖盗，当地的少年慕其名，纷纷缠着他，劝他起兵响应诸侯。

彭越不肯，说要坐观时变。一年过去了，天下越发混乱，彭越感觉秦朝再也扑灭不了起义的燎原之火，自己满可以起来浑水摸鱼，这才率领一帮少年出了大泽，一路收兵，聚集了上千人，正好碰见刘邦进攻昌邑。

都是造反的革命同志，当然互相帮助。于是两人合兵，一起进攻昌邑。但昌邑城高大坚固，进攻不利。当时义军的战略都是打得下就打，打不下就换地方，除非那个城邑太重要，非攻拔不可。但昌邑并不是这样，刘邦的目标是关中，他决定放弃昌邑，继续引兵西进。他想邀请彭越一起去关中，但彭越不愿意寄人篱下，就带着自己的兵重新躲到巨野泽中，招兵买马，继续发展革命根据地。

刘邦一路走到雍丘，雍丘有个附邑叫高阳，在这里，他又碰到了一个奇人——高阳酒徒郦食其（yì jī）。

郦食其穷得要命，在一个闾里当监门，喜欢饮酒，饮足了就读儒家经典，自我陶醉。刘邦军队来高阳后，一些高阳籍的士卒纷纷回家探亲，有一个骑士和郦食其同里。郦食其对他说："路过高阳的军队也不少了，但那些主将个个都喜欢讲究繁文缛节，还刚愎自用，听不进别人的话。我听说沛公不同，这家伙对人轻慢无礼，但有大略，我很想在他手下干，你给我引荐一下吧，引荐词就这么说：'我们闾里有个郦生，六十多了，身长八尺，大家都称之为狂生，但他自己说他不是狂生。'怎么样？"看来老郦生怕刘邦认为他是个狂妄不中用的人，先要自我定位。

那骑士道："沛公不喜欢儒生，有人戴着儒冠来，他必定把人家的儒冠扯下来，往里撒尿。说话的时候，时不时就破口大骂，你就别去自取其辱了。"

但郦食其坚持要士卒介绍，骑士只好答应。

　　刘邦来到高阳城外，住进传舍，吩咐召见郦食其。郦食其兴冲冲跑来，发现刘邦正挽起裤腿泡脚，两个美女在旁边侍候着。儒生都是讲究尊严的，郦食其也不例外，见状很不高兴，于是只作了个揖，说道："足下是想率诸侯破秦呢，还是想帮秦打诸侯呢？"这是什么话？刘邦听完当即破口大骂："竖儒，天下苦秦久矣，诸侯相率而攻秦，我当然也不例外！"郦食其道："既然想诛无道之秦，就不应该如此傲慢地接见我这样的长者。"

　　没有一定的优点，一定当不了皇帝。刘邦果然明智，立刻吩咐停止泡脚，穿戴整齐，请郦食其上座，诚恳地请教高见。

　　郦食其也有点纵横家的口才，他滔滔不绝，把秦始皇统一前的六国纵横之策说得头头是道。刘邦大喜，干脆留下他吃饭，继续问计。郦食其道："足下纠集乌合之众，不满万人，欲入关中，简直是羊入虎口。我们陈留位居天下要冲，四通八达，而且城中有巨大的官家粮库。臣与陈留县令相熟，可以游说他投降足下。如果他不听，足下就从外面夹攻，臣做内应。"

　　刘邦于是派郦食其出行，自己率兵随后，很快就攻下了陈留，夺得大批军粮，喜笑颜开。于是刘邦封郦食其为"广野君"。郦食其有个弟弟叫郦商，和郦食其不同，这个弟弟也早聚集了一帮少年打天下，总共有四千人之多，这时也来投奔刘邦。刘邦的革命力量从此更强大了。

游侠天子刘邦

收服南阳

　　刘邦率军继续西进，烟花三月，来到启封，和秦将赵贲相遇，双方当即大战。赵贲不敌，躲进城中固守。刘邦围住城邑，但启封城池坚固，他攻不下来，又只好放弃，率军北上，和秦将杨熊相逢于白马，双方大战，杨熊败逃。刘邦率兵紧追，又和杨熊大战于曲遇，再次大破杨熊军。杨熊逃到荥阳。

　　四月，刘邦开始西攻颍川郡治阳翟，大概阳翟守军抵抗也很厉害，攻下之后，刘邦下令屠城，展示了古代打仗残酷的一面。

　　从阳翟北上不远就是洛阳。刘邦的路线很明确，沿洛阳、新安、渑池一线西进函谷关，入关中，成王业。谁知这时赵将司马卬（áng）突然南渡黄河，显然想效法刘邦，抢占秦王之位。因为作为天下盟主的楚怀王那条契约，是向天下群雄发布的，谁都可以竞争。刘邦听到消息，星夜兼程赶赴黄河岸边的平阴津，将渡口封死，不让司马卬渡江，司马卬悻悻撤退。接着刘邦又和尾随而来的秦军在洛阳东大战，不利，向南撤退。这时他悟到了，洛阳、新安、渑池一线秦兵犹自众多，想从这条路线西进不大现实；加上友军时时趁火打劫，函谷关本身又易守难攻，凡此种种，都让人灰心失望；不如改走南面的武关，照样可以攻入关中。怀王可没有规定入关必走函谷关一线，于是刘邦边打边南下撤退，撤到辕辕的时候，再次和张良相遇。

二人本来就很谈得来，此刻重逢，当然欣喜。两人协力再次击破在这一带游弋的杨熊军，刘邦让韩王成据守阳翟，自己带着张良撤往阳城。六月，他们和秦南阳太守名叫齮（yǐ）的大战，破其军，一路南下。太守齮撤退到南阳郡治宛县，婴城固守，刘邦眼看攻不下，决定采取老战略，打算放过宛县，从县城西边经过，沿丹水杀向武关。

　　张良及时制止了刘邦的这个决策，说："依照怀王之约，我知道您急欲入关，成为秦王。如果在其他地方采取这种战略，那倒也没什么，因为到处都是诸侯游兵，秦兵也都是小股，对我们构不成威胁。但如今南阳秦兵甚众，如果您到了武关，武关秦兵据险抵抗，南阳守军再从后夹击，我们就全完了。"

　　刘邦一向从善如流，立即下令把旗帜全部收起来，深夜从另外一条道路潜回宛县。南阳太守齮看见刘邦走了，正高兴呢，一早到城楼上视察，发现城下密密麻麻都是楚兵。突然心生绝望，拔剑就想自杀。

　　他的舍人陈恢抢过剑："何必呢，我去见刘邦订和约，不行的话再死不迟。"

　　太守齮道："那你试试。"

　　于是陈恢去见刘邦，说："臣听说足下曾经订约，先入咸阳者为秦王。现在足下停下来进攻宛县，宛县周围城邑众多，他们都不肯投降，足下知道是什么原因吗？"

　　刘邦说："你说说看。"

　　陈恢道："是怕被足下屠杀啊。窃闻足下在城阳屠了一回城，在阳翟又屠了一回城，谁敢投降足下？足下驻扎下来强攻我们南阳，未必奏

游侠天子刘邦

效；赶去武关，我们也不会作壁上观。足下现在走也不是，不走也不是。臣以为足下不如和我们签订和约，我们归顺足下，为足下守城，足下给我们封官，把我们的甲士带去进攻武关，沿路的城邑听说投降可以不死，一定争先归降，足下看如何？"

这年七月，刘邦封南阳太守齮为殷侯，封陈恢为千户。

陈恢的建议很管用，沿途守城的秦吏听说投降不但可以活命，还能封侯，纷纷起义响应刘邦。就这样一路封官拜爵，刘邦再也没有遭到像样的抵抗，大有"千里江陵一日还"的架式。

刘邦在途中碰到了一个叫梅铞（xuān）的人，他是鄱阳湖边一个土著首领吴芮的下属，听说北方战乱，也发兵响应诸侯。刘邦邀请梅铞一起西进，进攻析和郦，两城都情愿投降。由于受过郦食其的教育，刘邦知道屠城对自己的声誉不利，开始严禁士兵掳掠地方。百姓听了都奔走相告："刘将军这个人不错，要是他当王，我们就有好日子过了。"关那边的秦国本土人听到了这个风声，也开始盼望义军的到来。

八月的时候，刘邦的军队已经行进到武关，只要入了武关，秦兵就无险可守了。武关是楚国的伤心地，一百多年前，楚怀王接到秦昭襄王的邀请信，要求两人在武关会盟，楚怀王答应了，结果刚入武关，就被秦军的伏兵捕获，当作人质带回咸阳，如今它要成为秦国的伤心地了。

刘邦毫不迟疑，火速进攻，很顺利地击破武关。下一步，就是沿丹水上溯到峣（yáo）关了，这是进入关中腹地的最后一道关口。

此刻关中局势也一日千变，秦朝政府自二世即位以来一直内乱，二世信任自己的老师赵高，将丞相李斯等一干重臣全部处死。赵高独

揽大权，被拜为丞相，倒行逆施。眼下他见关东差不多全丢光了，也很害怕，又担心二世责怪，于是开始称病，不再见二世。

二世想到关东盗贼越来越多，也忧心忡忡，派人去责问赵高。赵高和女婿咸阳令阎乐、弟弟郎中令赵成密谋，决定干掉二世，拥立宗室子弟子婴为王。二世被迫饮药自尽，赵高下令将二世以黔首的规格安葬，又宣布立子婴为王。但子婴并不信任赵高，和儿子商量，决定干掉赵高。于是在入宗庙祭祀的时候，子婴突然拔刀发难，将赵高杀死，并夷灭赵高三族。

但这样做已无济于事，刘邦的军队离咸阳只有一步之遥了。

多知道点

指鹿为马

"指鹿为马"比喻公然歪曲事实，颠倒是非。这一成语出自《史记·秦始皇本纪》。秦二世时，宰相赵高掌握朝政大权，并试图篡位，担心朝中大臣不听命于他，打算先试探一番。于是牵了一只鹿献给二世，说这是马。二世笑说："丞相弄错了，把鹿当成马了。"又问左右大臣。大臣有的不说话，有的迎合赵高说是马，而正直的大臣则说是鹿。后来那些说是鹿的大臣都被赵高暗中害死。从此以后，群臣对赵高极为畏服。

游侠天子刘邦

灭亡秦朝

　　秦王子婴的心情很绝望，在长达三年的战争中，帝国的精锐部队早已消耗殆尽，更可怕的是，关中的民心也被赵高的倒行逆施损伤殆尽。如果能早半年杀掉赵高，放弃关东，紧缩战线，让章邯撤退守关，尽发国内百姓增援章邯，秦国可能还有保住关中的希望。但现在一切都晚了，子婴只能死马当作活马医地派遣了一支军队急速堵住峣关，这支军队大概是他的最后一点家当。

　　听说峣关已经布满了守军，刘邦决定立刻进攻，秦王的冠冕已经触手可及，他等不及了。张良拦住了他，说："秦兵一向善战，不可轻敌，峣关两旁都是高山，不如派人爬到山上去鼓噪，摇晃旗帜，显示我们有伏兵。同时派遣郦食其、陆贾两个带着重金去游说秦将，诱惑他投降。"

　　正如张良所料，秦将见了金灿灿的财物，马上丧失了理智，搓着手嚷道："什么也别说了，连和。"消息反馈回来，刘邦大喜，下令杀猪宰羊，犒赏三军以为庆贺。结果张良又反对："仗还是要打，因为我们只说动了秦将，他的士兵不一定服从。不如趁他们懈怠之时发兵奇袭。"

　　刘邦对张良真是言听计从，打消了庆贺的想法，当即派人绕道峣关，越过蒉（kuì）山袭击秦军。两军在蓝田县南郊大战，秦军仓促出

击，大败而逃；在蓝田县北又打了一场，秦军依旧溃不成军。九月，峣关正式失陷，咸阳外围再也没有藩护。

这时已经是十月，距离陈胜首义已经有三年零三个月。十月是秦朝的新年，可是咸阳没有一点新年的气氛，城中充满了愁苦。

刘邦驻军到霸水边上，离咸阳大概只有几十公里，不用急行军也就是一天的路程。

子婴绝望了，王位才坐了一个多月，屁股还没坐热，就要马上让出去，不甘心啊。可是不甘心又能怎样？他想了半天，决定素车白马去投降刘邦，这是当时出丧时才乘坐的车马，子婴坐这种车马，意思无外乎自己的命已经掌握在刘邦手里。子婴还在脖子上挂了一环组带，把传国玉玺和象征皇权的符节都封好装箱，悲悲切切地出了咸阳。一行人走到离咸阳东南二十公里左右的轵道这个地方，恭恭敬敬地跪着，向刘邦投降。要是秦国的众先王有灵，看到自己的子孙这么落魄，恐怕会羞得魂飞魄散；至于一代雄主秦始皇，如果知道自己想传之万世的帝位只传了二代，就被奴隶们砸烂，更会气得七窍生烟。

曾经不可一世的秦帝国就这样被一伙泥腿子推翻了。

对子婴的投降，刘邦身边的那些泥腿子将领觉得很解气，他们想宰了子婴。刘邦却摇头："怀王之所以让我进攻关中，就是看我善良仁厚，现在子婴投降了，我还杀人家，这有悖天道，不祥。"下令把子婴等人交付下面的官吏看管，等诸侯都入关后再商量处置。

军队浩浩荡荡开进咸阳，刘邦的泥腿子将军们都两眼放光，前半辈子一直在田里流汗，吃的是糟糠，住的是茅棚，几曾见过这样的奢华？他们闯进秦朝的各离宫别馆，大肆抢掠。人人都疯狂了，只有萧何

游侠天子刘邦

神色淡定，他径直带着人赶往丞相府，把府中的图书、公文簿全部装箱收藏。作为故秦高级掾吏的萧何，熟谙秦朝行政程序，他清楚地知道，掌握了天下郡国的各种资料，包括户口、赋税、关塞、地形等等，将来打天下治天下，就比别人占据了根本优势。因为资料中记载的关塞地形，可以帮助排兵布阵；户口赋税，可以帮助征发给养，这些资料可是用钱都买不来的。

刘邦也喜得抓耳挠腮，他已经把自己当成了秦王。既然是秦王，秦宫廷中的这一切理所当然都是自己的。倒是他的连襟樊哙志向更为远大，赶忙劝他："沛公，您是想夺天下呢，还是想当富翁呢？要知道，秦朝之所以灭亡，就是因为国君贪图这些奢华享受啊。臣看还是赶快离开这里，还军霸上。"

樊哙害怕刘邦留在宫中享受，迅速腐化，失去民心。而此时其他义军还在关外，他们绝不会容许咸阳这一珍宝之府所藏的全部财货都归刘邦。共同目标已灭，火并的计划自然会提上日程。而以刘邦的实力，绝对无法对付以项羽为首的诸侯军队，只能暂时示弱，等诸侯入关后进行利益均分。

但巨大的财宝蒙蔽了刘邦的双眼，他死活不肯。这时张良上场了，他对刘邦说："秦朝就是因为奢华暴虐，才有机会让您打到这里。我们起兵，号称是为天下除掉暴君，这时应当穿着孝服慰问那些被暴君害得家破人亡的百姓。现在您刚来，就想住在宫殿里享受，这不是和暴君无异吗？忠言逆耳利于行，希望您采纳樊哙的建议。"

刘邦还真对张良百依百顺，立刻下令还军霸上。

通风报信

倏忽就过去了一个月，刘邦在霸上也没闲着，十一月，他召集关中诸县的父老豪杰，作了一个报告。他说："父老们苦秦苛法久矣，我和楚怀王有个约定，谁先进入关中，谁就当秦王。按照约定，我应当成为秦王。我现在也和父老订约，摒弃秦朝的苛法，只立法三章：杀人者死；伤人和盗窃的，承担相应的罪责；诸位财产田宅一切如旧。我这次来到关中，就是要为父老们除残去秽，不敢有丝毫侵暴，诸君不必害怕，我之所以不进咸阳，而驻扎到霸上，就是想等诸侯来了，一起商量天下大计。"

为了使自己这番报告落实到位，刘邦还专门派人和秦吏一起巡视各县、乡、邑，挨家挨户地宣告政策。关中父老本来怕义军烧杀抢掠，听到这个好消息，家家欢天喜地，纷纷牵着牛、羊，带着酒食到霸上劳军。刘邦的政治头脑更清醒了，对父老的馈赠一概拒绝，说："我现在军粮足够，不缺乏，谢谢父老，心意领了，东西绝对不能要。"老百姓回去互相转告，家家户户更是像过节一样庆祝，唯恐出了什么漏子，让刘邦当不成秦王。

就在刘邦不遗余力博取秦民欢心的时候，项羽已经率领诸侯四十万大军朝函谷关飞驰而来。但走至新安，他干了一件大蠢事：把章邯的士兵全部活埋了。

游侠天子刘邦

　　章邯投降时，军队还足足有二十万之多，现在当了联军俘虏，章邯本人和几个高级将领倒没什么，普通士兵可就都倒霉了。义军中的士兵都把投降的秦兵当奴仆看待，动辄打骂。秦士卒开始不满了，私下里抱怨，传到了项羽的耳朵里。项羽决定，把降卒杀光，以免出乱子，只带着章邯、长史司马欣、都尉董翳三人入关。

　　这支屠杀完秦降卒的刽子手军队继续浩浩荡荡往东走，走到函谷关下，却发现关门紧闭。项羽听说现在驻守的已经是刘邦的军队，当即大怒："谁给我拿下它？"当阳君英布马上跳出来说："我。"

　　函谷关太险峻了，就算是英布，也不敢正面强攻，只好从小道绕到关后，才把刘邦的守军收拾了。函谷关就这样被拿下，十二月寒冬凛冽的时候，项羽带着军队前进到了戏。

　　在戏地，项羽命令军队停下来安营扎寨，由于人太多，营寨一直延伸到骊邑，也就是离秦始皇的坟墓不远了，南距刘邦的霸上招待所大概只有现在的十公里（《史记》说四十里）。项羽自己的驻所在骊邑东一个叫鸿门的地方，在这里，他接到了一封新鲜出炉的书信，书信来自刘邦的军营，写信人叫曹无伤。信上是这么写的：

　　项将军左右：

　　　　刘邦准备在关中称王，让故伪秦王子婴当丞相，收藏了无以计数的珍宝和美女，准备过好日子了，诸侯来，只怕什么也得不到。

　　　　　　　　　　　　　　　　　　左司马　　曹无伤顿首

　　曹无伤是刘邦军中的一个司马，大概他看出了项羽势力更大，投奔项羽的话可能更有出息。项羽见信果然大怒："来人，吩咐下去，杀猪宰羊犒赏士卒，明天一早就给我进攻刘邦。"

项羽身边的老谋士范增很赞赏这个决定，赶忙添油加醋地劝项羽："刘邦当年在沛县时，既贪财又好色，现在入关了，看见财物美女竟然无动于衷，这不正常，可见他的志向不一般。我令人眺望云气，发现他驻地上空有五彩云，成龙虎之状，此天子之气也。请赶快发动进攻，万勿让他跑掉。"

眼看刘邦的寿数就要到头了，然而项羽身边也出了一个内奸，使得刘邦获救，这个人还是项羽的叔叔，名叫项伯。

应该说，项羽是非常讲究亲亲之道的，他得势之后，凡是姓项的，基本都得到了重用，项伯也不例外。他这时候官拜左尹，相当于现在的最高法院院长。他听见侄子说明天要打刘邦，很担心。倒不是担心刘邦，他和刘邦没任何交情，他担心的是自己的救命恩人张良，而张良此刻正在刘邦的营中。

张良怎么会成为项伯的救命恩人呢？原来秦朝时代，项伯也一度在江湖上胡混。自古以来，浪迹江湖都免不了杀人，或者被人杀。项伯有一次就杀了一个人，他怕苦主寻仇，撒腿逃到下邳。那时张良正躲在下邳当寓公，日子过得很滋润。项伯得知投奔张良可以有吃有喝，立刻登门拜谒，得到了张良的热情接待。想起这些，报恩的渴望像毒蛇一样啮咬着项伯的心，他想，不行，说什么也得救下恩公。

项伯牵出一匹骏马，连夜就奔刘邦的军营而去。虽然说两地相距不过十公里，但那时正是寒冬腊月，北风呼啸，道路不仅坎坷，也没有路灯，但项伯全然不顾，恨不得插翅飞到霸上。终于到了目的地，他上气不接下气跳下马，拉起张良就要对方跟他走，仿佛去教堂里抢别人的新娘，他说："不要给刘邦陪葬。"

43

游侠天子刘邦

张良立刻寻找托辞："我奉韩王的命令送沛公,沛公现在有难,我不能不辞而别,否则太不仗义了。"

他脸上义气的光辉把项伯镇住了,毕竟自己当年就靠着对方的义气活到现在,项伯也不能太不讲情理,于是让张良去报告刘邦。

刘邦听了这个惊天噩耗,目瞪口呆,说:"这可怎么办?"

张良问:"项羽的理由就是您派兵擅自封住函谷关,这是谁给您出的馊主意?"

刘邦骂道:"一个该死的腐儒,他说,只要封住函谷关,不让诸侯进来,就可以安稳当秦王。"

张良本来想说,这事你怎么不跟我商量一下,但寻思现在不是责备的时候,救灾要紧,就问:"您觉得自己打得过项羽?"

刘邦道:"当然打不过,怎么办呢?"

张良道:"那就出去告诉项伯,说您不敢背叛项羽。"

刘邦道:"你怎么认识他?"

张良道:"我救过他的命。"

刘邦道:"你们俩谁年纪大?"

张良说:"他大。"

刘邦说:"那我也以兄长事之,请帮我叫他进来吧。"

张良出来,劝项伯一起进去见刘邦。刘邦已经准备好酒席,亲自举着大酒杯敬项伯,祝他万寿无疆,又要和他结成儿女亲家,说:"我自入关以来,秋毫不敢犯,百姓的户口簿和秦朝的府库都封存起来了,就等项将军一来,马上移交。至于派遣人守卫函谷关,不是为了阻挡项将军,而是怕其他的鸡鸣狗盗之辈搞破坏。我日夜翘首盼望项将军

进关，怎么会反叛呢？希望您能为我在项将军面前说说情。"

项伯一口答应："但是，您最好明天一早来我侄儿军营中谢罪。"

刘邦说："好。"

那边项伯回去，立刻在项羽面前为刘邦说情："沛公如果不先破关中，您能入关吗？现在人家有大功，您却想攻打他，此乃不义也，不如善待他，以免诸侯寒心。"项羽见叔叔这么说，也觉得自己的确做错了，一口答应。

函谷关位于今河南省灵宝市附近，是古代十分重要的雄关要塞。因关在峡谷中，深险如函（盛物的匣子）而得名，素有"一夫当关，万夫莫克"之称。

鸿门宴

第二天一早，刘邦告别了霸上大军，带着张良、樊哙、夏侯婴、靳强、纪信等几个人和上百骑士奔赴鸿门，参加历史上赫赫有名的鸿门宴。

在酒宴上，刘邦一味服软："臣和将军并力攻秦，将军战于河北，臣战于河南，没想到能侥幸率先突破秦军关口，在这里重新和将军相遇。听说有小人从中作梗，让臣与将军有些嫌隙。"

项羽这年才二十六岁，极度的年轻和骄傲使他口无遮拦："这是你的左司马曹无伤告诉我的，不然，我项籍怎么至于这样。"他轻松地出卖了朋友，或者说，他并不认为这是出卖，反而或许认为，这是一种坦诚。

既然达成了和解，双方于是开始痛饮。项羽是主人，他坐的位置最高贵，东向；他的掘墓人项伯叔叔也和他一样，东向；那个深谋远虑的老亚父范增则位置次尊，南向；至于两位宾客，刘邦和张良，都坐在卑下的位置，刘邦的座位向北，张良向西。项羽虽然原谅了刘邦，但尊卑秩序不可乱，可以想见在宴会上刘邦有着怎样的屈辱。

坐在南向的范增对项羽的暧昧态度大为生气，他举起佩戴的玉玦，不停对项羽使眼色。玦者，决也，也就是要项羽痛下决心，当场杀了刘邦，不要被刘邦的可怜相迷惑。项羽却默然不应。这个杀人不眨眼的勇士，大概对所有可怜虫都有难以抑制的同情心，就像他看见受

伤的普通士卒，也会为之堕泪一样。

无可奈何的范增只好站起来，把项氏家族的一位年轻人项庄召到外面，语重心长地说："君王为人不忍，你进去假装举酒祝寿，之后请求舞剑助兴，趁机把刘邦杀于座上。否则我们将来都会死在他手里。"

项庄答应了，他进去举酒祝寿，然后道："君王和沛公欢饮，军中没有什么可以助乐的，臣请以剑舞助兴。"

项羽说："好！"

项庄当即拔剑，舞了起来。也许是项伯发现了其中的端倪，他也当即离座拔剑，要求和项庄合舞。项庄几次想趁机击杀刘邦，却发现项伯像鸟张翼一样，遮住了自己的视线和剑尖。这时张良急得如热锅上的蚂蚁，找了个借口跑出去，和樊哙商量对策。樊哙问："事情怎么样？"张良说："不大好，眼下项庄正在舞剑，其意想借机击杀沛公。"樊哙当场急了："啊，这么紧迫，臣请进去和他们拼了。"

于是樊哙拔剑执盾闯入军门，军门口守卫的执戟卫士想拦住他，他侧盾撞之，力量之大，使得执戟卫士摔了个狗啃屎。樊哙可没有时间扶他们，他大踏步冲了进去，披开帷帐，西向而立，睁大双眼望着项羽，眼眶似乎要迸裂开来，怒发冲冠。他并没有真的脑袋发昏，因为他还保持了西向的位置，显示自己不敢僭越身份。而这种怒发冲冠的姿态，不过是为了充分表现委屈，给项羽更多的心灵愧疚罢了。

项羽起初吓了一跳，本能地握住剑柄，直腰欲起，问："这位客人是谁？"一旦回答不对，霸王就要上去斩人。

张良替樊哙回答："这位是沛公的参乘樊哙。"

那时给主君当参乘的，一定是精选的强壮之士，樊哙也不例外。

47

游侠天子刘邦

连武力超群的项羽也不由得赞叹一声："壮士！赐他一卮酒。"

随从上来，赐给樊哙一卮酒，这是一只斗卮，容量是一斗。樊哙跪下拜谢，站起来一饮而尽。项羽又吩咐："赐他一只彘肩。"

随从又递给樊哙一只生的猪肩膀，似乎是故意跟樊哙作对。樊哙毫不犹豫，置盾覆地，加彘肩于盾上，再拔剑将彘肩切成一块块，塞入嘴里大口吞吃。

项羽对他的豪爽颇为满意，问："壮士，还能饮酒吗？"

汉代的一斗，等于现在的两升。现在的一升水有两斤重，樊哙饮的酒，密度不知怎么样，但至少也得有三四斤。樊哙为了取悦项羽，豁出去了，说："一卮酒哪有必要推辞？秦王有虎狼之心，杀人唯恐不尽兴，刑人唯恐不尽力，天下因此背叛。怀王和诸将约定：先破秦入咸阳者当秦王。现在沛公先破秦入咸阳，登记百姓户口，封闭宫室府库，财物丝毫不敢取，还驻军霸上，等大王入关。之所以派人守函谷关，只是为了防备强盗出入及其他非常事变。沛公如此劳苦功高，大王非但没

玉卮。卮是古代的一种酒器，流行于战国和两汉时期，材质多样，有玉卮、漆卮、青铜卮等。卮一般由卮盖和卮体两部分组成。卮体多为圆筒状，常有三足和环形扳手。

有封侯之赏，反而听从奸细的谗言，意欲加以诛杀，此乃步亡秦之后尘也，窃以为大王做得不对。"

项羽不是个无赖，大多数时候他是讲道理的，这时候要杀刘邦，确实是太没有理由。古语说，欲加之罪，何患无辞，但就算是"辞"，也要花时间去罗织，而这超出了青年项羽的能力范畴。项羽只好默然无语，岔开话题："请坐，请坐。"

樊哙于是和张良坐在一起，依旧西向。刘邦有些不自在，坐了一会，假装说："我上趟厕所。"举手招樊哙一起出去，他在犹豫要不要立刻逃离，所以两个人在厕所里磨磨蹭蹭。

而在营帐中，项羽见刘邦迟迟不归，就派自己手下一个都尉去召刘邦。这位都尉并非凡人，而是个顶级阴谋家，在不久的将来，他将偷偷从项羽军中逃跑，不远千里去投奔刘邦。在楚汉争霸的过程中，他为帮助刘邦打败项羽立下了不可磨灭的功勋。他就是赫赫有名的陈平。

陈平这次和刘邦交流了什么，我们不得而知。反正他没有完成项羽的任务，把刘邦带回营帐。

刘邦对樊哙说："刚才没有辞别，只怕不大好。"

樊哙引用当时的谚语劝告："大行不顾细谨，大礼不辞小让。如今人为刀俎，我为鱼肉，还辞什么别。"大概是看项羽虽然被说服，但范增在旁，拖下去迟久生变。

刘邦也不再犹豫，决定火速逃归，让张良留下来解释。张良问："大王你来的时候，带了什么礼物？"刘邦道："带了白璧一双，想献给项王；玉斗一双，想献给亚父。但适逢其怒，不敢献上。你为我代劳吧！"又嘱咐张良："从骊山、芷阳之间的小路赶回军营，路程只有大路的一半。你算算时间，估摸我到了军营，再进去辞谢项王。"

张良答应了。刘邦吓得连车骑也不敢带，只骑了一匹马，带着樊哙、夏侯婴、靳强、纪信四个步行随从，从小路疯狂奔回自己的军营。张良估摸刘邦已经到了，才走进大帐，辞谢项羽道："沛公不胜酒力，醉成一团，不能亲自告辞。谨让臣奉献白璧一双，再拜献给大王足下；玉斗一双，再拜献给大将军足下。"

项羽很奇怪："沛公去哪了？"

张良道："听说大王有意责问他的过错，已经一个人跑回军中了。"

项羽没有在意，接受了刘邦的礼物，还把它放在座位上，显得很正式，很讲礼貌；而范增却气得要死，他接过玉斗就扔到地上，又拔剑将它敲得粉碎，骂道："唉！竖子不足与谋，夺走项王天下的，一定是刘邦，我们这些人都会成为他的俘虏。"

刘邦这次能保命，多亏了张良，他给了张良一笔丰厚的赏赐，统共一百镒黄金，两斗珍珠。"镒"是楚国的度量衡单位，相当于秦的"斤"，那时的一斤相当于现在的半斤，也就是说，张良这次得到了二十五公斤黄金。加上两斗珍珠，钱确实不少。但张良从小锦衣玉食，一辈子就没把钱放在眼里，他把这批赏赐全部给了项伯。他知道，项伯可以发展为一个重要内线，随时为自己提供服务。当然这个内线和普通内线不同，他并不知道自己在发挥着内线的作用，可以称之为"被动卧底"。

封为汉王

在项羽的心里，大概并没有把刘邦当成一回事。他志得意满，进军咸阳，首先杀掉了秦降王子婴，又纵容士兵屠杀，四处放火。秦朝经营几百年的宫殿全部坠入火海，大火哗哗啵啵，烧了整整三个月才熄灭，整个城市笼罩在黑烟当中，漫天的灰烬飞舞，不见天日，给冬日惨淡的咸阳更增添了许多阴郁。关中百姓对项羽无不恨之入骨，他们迎来了刘邦，满以为从此结束了战乱，可以过上安稳日子，谁知却跑来了这么个山东莽夫，将他们的家乡折腾成了一片瓦砾。

项羽这么做，当然有他充足的理由，当年秦将白起攻拔楚国故都郢城，把楚国先王的坟墓烧了个精光。而他是楚王族出身，祖父被秦将王翦逼迫自杀，叔父死于秦将章邯的袭击，他对秦王族的怨恨怎么估计都不过分，这种仇恨是布衣出身的刘邦必然缺乏的。

烧掉了咸阳，项羽满载珠宝和妇女向关东而去，像强盗打家劫舍一般。有个姓韩的知识分子劝他："关中四面都是天险，表里山河，土地肥沃，适合称霸，您何必回关东呢？"项羽也有点后悔，但看见宫室都被自己烧光了，又怀恋故土，于是说："富贵不回故乡，如锦衣而夜行，谁看得到啊？"韩生摇摇头，回去跟人说："人家都说楚国人像猕猴戴帽子，一时还人模狗样，但久了坐不住，本性就出来了。我起先不信，现在看来，果然不假。"

游侠天子刘邦

很快就有人来报告项羽："将军，那个姓韩的说你是猕猴。"项羽气得大叫："把他抓来，给我烹了。"烹掉韩生，项羽派人报告楚怀王："当年的约定怎么办？"言下之意，当初封秦王的约定应该重新考虑。谁知楚怀王不知高低，傻乎乎地回答："当然按照原先的约定来。"

项羽大怒，这个怀王当年不过是个放牛娃，没有项氏，哪能出头。谁知他一披上冠冕，就忘了自己的出身。当年不允许自己直接攻秦，已经旧恨难消；现在故意跟自己作对，算是新恨又起。项羽当即召集部将，道："天下初起兵反秦时，诸侯并立，那是为了有复国的名号办起事来方便。但三年来，亲自上阵披甲作战的是众位将军和我项籍。楚怀王一直在后方享福，有何功绩？不过看在道义的份上，我建议尊他为义帝，割给他一块土地，让他当个王过瘾。"

部将们当然赞同，他们跟着项羽打江山，谁不想自己做王，谁愿意当别人的下属？于是这年正月，项羽宣布，尊楚怀王为义帝，还说："古代的帝王，国土都方圆千里，住在河流的上游，我看郴县比较适合他。"要怀王去郴县即位。

郴县在耒水的上游，比衡阳还要靠南，在战国时代的楚国就是边邑，去那里当王，简直是流放，哪里是当义帝看待？而且，后来他又命人在路上截杀了义帝，从此在舆论上落了下风。

接着项羽开始分封天下，他选择了西楚九郡之地，自立为西楚霸王。

这时候项羽对在鸿门放走刘邦有点后悔，他也感觉刘邦是自己的劲敌，但后悔也来不及了，当时没杀，现在翻脸也不好看，况且违背

盟约，只怕也让其他诸侯看不起。他和范增商量，得出一个决议：把刘邦封到巴蜀。因为巴蜀当时是秦国的国土，也算关中，不算违约。

这当然很牵强，关中一向指秦岭以北的渭河冲积平原一带，西散关，东函谷，南武关，北萧关，在四关之中，所以才叫关中；而巴蜀是秦国后来攻取的土地，一向用来流放犯人，但项羽拳头大，说了算，没处讲理去。

刘邦气得不行，立刻想跟项羽翻脸，还好被手下人制止了，说去巴蜀当王虽然不好，但总好过马上断头。刘邦也冷静下来，派张良带着大批金银财宝，送给项伯做谢礼，算是报答鸿门宴上的照顾，同时请求项伯在项羽面前美言，把汉中地也赐给他刘邦。项伯当即跑去找项羽，为刘邦说好话，项羽竟然想也不想就答应了，他不知道，这实在是大大的失策。

总之，项羽很快正式宣布，以巴蜀、汉中封刘邦为汉王，都南郑。

但项羽还是对刘邦怀有戒心，他封章邯为雍王，司马欣为塞王，董翳为翟王。这三人占据的地方才是真正的关中。项羽大概认为，这三员秦将很能打，曾经把起义军打得落花流水，如果不是赵高，自己也很难将他们收服。让他们三人对付区区一个刘邦，绝对不成问题。

刘邦被封为汉王，王汉中和巴蜀，他无话可说。四月初夏，草木葱茏的季节，刘邦拜萧何为丞相，带着项羽拨给的三万人马去南郑上任。曾经，他积攒了十万兵马，满以为自己能做个响当当的秦王；他把兵马驻扎在霸上，诚心诚意地等候项羽的到来，却不料项羽不但不让他当秦王，反而夺走了他苦心积攒的大部分家当，这叫他心中怎不怨愤？

好在他有不俗的名气，除了项羽拨的三万人，还有楚地和诸侯国的无赖少年数万人，因为追慕他的名声，偷偷越过子午道进入汉中去投奔他。子午道非常险峻，一般人不愿走，但少年们不在乎。刘邦就像山谷一样，吸引着各种水流向他身边汇集。值得一提的是，这些投奔的人员中，有一个不世出的军事天才，名叫韩信。

张良对刘邦依依不舍，一直把刘邦送到褒中，才不得不洒泪而别，毕竟他是韩国贵族，韩国现在复国了，他得回到故国去。他临走的时候，给刘邦出了一个计策："汉王，你这一路去，就一路把沿途的栈道烧掉吧，免得有诸侯强盗兵越界攻击，同时也可以迷惑项羽，表明你没有东去的野心。"

所谓"栈"，指架起来悬空的木板。栈道，自然就是悬空的木板道路。因为从关中到汉中，有一条道是横贯秦岭，经过褒斜谷的。它的南口曰褒，在今汉中市褒城附近；北口叫斜，在今陕西眉县西南15公里处。褒斜谷总长约235公里，因褒水和斜水两条河流得名，两水同出一山，但流向不同，斜水北流至渭，褒水南流至汉，两岸都是崇山峻岭，自战国起，就有人在谷中凿石架木，修筑栈道，历代踵继，多次增修，后人就命名为"褒斜道"，这也是当时跨越秦岭最方便的一条道，而其他道路都要翻过很高的山岭。烧掉栈道，汉中和关中就相当于隔绝了。

但其实这时候项羽已经没有精力关注刘邦，因为他分封的其他诸侯国相继出事了。

发现军神韩信

话说项羽把齐王田市迁徙为胶东王，都即墨。改立齐将田都为齐王，都临淄，因为他跟着自己打仗，攻入关中。又立田安为济北王，都博阳，因为他在巨鹿之战前攻下了济北郡的几个城，率兵归顺了项羽。这三位齐地的诸侯王全是故田齐贵族，按理说肥水没流入外人田，大家都应该满足了。

但田荣首先就不高兴，他觉得自己算义军元老，应该有片土地当王，但因为在巨鹿之战的时候，他囿于私怨，不肯发兵帮助楚国和赵国解巨鹿之围，所以项羽懒得理他。现在田荣听说自己的侄子田市也被项羽迁徙到胶东，齐王另由田都来做，当即就发作了。他发兵袭击田都，田都不敌，逃到彭城，向项羽哭诉。那边田荣不许侄子田市迁徙到胶东，谁知田市太畏惧项羽了，觉得当胶东王虽然不公平，但总比什么都不是强，于是带着亲信偷偷跑到即墨去即位。

田荣大怒，发兵赶赴即墨，一战之下，擒获了田市，再不客气，手起刀落，就将田市的首级斩落地上，然后自称齐王，发兵屯守边境，严密提防楚国的进攻。田荣的这番举措，引来了一个人的注意，他就是巨野泽畔的大盗彭越。

彭越这时手下已经有上万人，项羽分封，竟然没有想到他，他当然也不满意。田荣听说了这个消息，觉得可以同仇敌忾，当即和彭越接上了头，给彭越颁发了一块将军的印信，要求他立刻发兵攻打济北国。彭越确实很能打，七月份，他率领军队击破了济北王的军队，斩济北王田安，整块齐地就这样落入了田荣手中。

田荣没想到彭越这么能打，顿时刮目相看，又要求他南下击楚，彭越满口答应。项羽听说后，派一个叫萧公角的带兵迎击。萧公角打仗不行，碰上彭越，一接战，被杀得大败。

项羽只好盘算着亲自出征，这时一个人大呼小叫跑了进来："不好了，不好了，大王，刘邦已经攻拔关中，下一个目标就是我们楚国了。"

这时候刘邦确实已经出兵，他从故道（褒斜道以西的一条跨越秦岭的通道）越过秦岭，袭击章邯的雍国。刘邦为何敢于下这么大的决心？原来是一个叫韩信的人在背后给他打气。

韩信在中国可谓妇孺皆知，他是淮阴人，家里穷得揭不开锅，但读了不少书。在当时他完全可以走仕途，只是秦朝制度，要当官，家产必须达到一定数目。韩信穷得叮当响，品行又不大好，自然没有这机会。他又很懒，到处混饭吃，但还总不忘带着剑。有天他走到市集上，一个少年屠夫讽刺他："竖子，你长得虽然高大，又剑不离身，其实是个窝囊废。"并对众人大喊："这竖子要是不怕死，就刺我；要怕死，就从我裤裆下钻过去。"

韩信盯着小屠夫看了半天，突然伏下身子，像条蛆虫一样蠕动，从小屠夫胯下爬了过去。市集上的人乐得前仰后合，更加看不起韩信。

项梁杀了会稽太守殷通之后，不久北渡淮河作战，韩信跑去投奔，但直到项梁战死，也没崭露头角。项梁死后，项羽拜他为郎中。他屡次给项羽出谋划策，项羽都无动于衷，因此觉得所遇非人，听说刘

清末画家任伯年所绘《韩信受辱》图

邦爱惜人才，当即逃出项羽军营，投奔了刘邦。

刘邦起初也没当他是一回事，只拜他为连敖（大概相当于现在的营长），但韩信不开心，因为他觉得自己是当王的料。既然感觉怀才不遇，做起事来就不会尽心，就这样马马虎虎地耗着，谁知不但没有升迁，反而不小心犯下了杀头的罪。具体什么罪，史书上也没说，只是描绘了行刑的情况。当时死刑犯一溜斩头的有十几个，韩信排在第十四。前面十三枚人头都骨碌碌滚落到地上，下一个就轮到他了。他苟延残喘地嚎了一嗓子："大王想不想打天下啊，怎么杀我这样的壮士？"

当时的监斩官是夏侯婴，在刘邦阵营中为人最宽厚。他发现韩信相貌不凡，立即下令停斩，把韩信叫过来聊了几句，大为惊奇，发现这人确实见识不凡，于是向刘邦力荐，刘邦仍旧没在意，只拜韩信做了个治粟都尉。

治粟都尉官职不小，掌管军粮生产事宜，地位非常重要。可韩信

游侠天子刘邦

觉得自己的特长并不是农业生产。他经常去找萧何聊天,萧何也相当惊奇,这家伙怎么这么厉害,见解犀利不凡,和他相比,其他将领都不值一提。萧何也屡次找刘邦,大力推荐韩信。但刘邦这时心情很不好,在去南郑当王的路上,他手下有不少将军开小差逃亡了。因为这些将军大多是山东人,谁也不想窝在大西北一辈子。刘邦很痛苦,哪有心情理会韩信。直到有一天士兵来报告:"大王,不好了,萧丞相也跑了。"

刘邦气得跳了起来,别人跑了没关系,萧何擅长繁琐的行政工作,自己可离不开他啊。他感到自己像断了左右手,魂不守舍,茶饭不思。谁知过了一两天,又有人来报告:"大王,太好了,萧丞相回来了。"

刘邦喜怒交加,萧何一露面,他就破口大骂:"你为什么逃走?气得老子好苦!"

萧何解释:"臣不敢逃亡,而是帮大王追逃跑的人。"

"谁值得你这个丞相卖力去追?"刘邦奇怪。

萧何道:"治粟都尉韩信。"

刘邦觉得被耍,当即又破口大骂:"胡说,十多个将军跑了,你不追,却去追韩信,骗谁?"

萧何道:"那些将军不值一钱。但像韩信这样的,国士无双啊。如果您想在这当个安稳王,韩信这人跑也就跑了,不影响什么;但是,如果您想打天下,少了韩信就绝对不行。就看您的志向了。"

刘邦道:"废话,当然想出去打天下。"

萧何道:"那还等什么?赶快重用韩信。不重用,他终究会跑掉。"

刘邦道：“好吧。看你的面子，我拜他为将军。”

萧何摇摇头：“他还是会跑。”

刘邦诧异：“难道拜他为大将？”

萧何说：“这样再好不过。”

刘邦怕惹萧何生气：“好吧，好吧，叫他来，马上拜。”

萧何摇摇头：“不行，您向来满嘴脏话，傲慢无礼。现在拜大将，像呼儿子似的，有尊严的人谁受得了？韩信不是一般人，您要是对他这么呼来喝去，他还是会跑。您如果真有诚意，就先挑个黄道吉日，斋戒几天，然后设置坛场，备上猪头三牲，召集众将观礼，再宣布拜韩信为大将。”

刘邦要拜大将的消息立刻像春风一样传遍了军营，史书上说："诸将皆喜，人人自以为得大将。"估计自我期望值最高的是曹参、周勃、樊哙等几位，毕竟他们很早就在丰沛街上紧跟刘邦混，履历也不错，无论比功劳还是友谊，都非他们莫属。然而他们想错了，当韩信被赞礼官宣上台接受大将印信时，他们一个个都张大了嘴巴。怎么回事？这不是那个治粟都尉吗？这竖子凭什么就当上了大将？

韩信接受了大将印信，礼毕，大刺刺地坐在上座。刘邦假装文明起来："丞相屡次向寡人推荐将军，将军有什么可以教导寡人的？"

韩信谦虚了两句，开门见山："现在和您争天下的，不就是项羽吗？"

刘邦道："嗯。"

韩信道："大王您自己掂量一下，要比勇猛、剽悍、仁义、威强，您比得过项羽吗？"

游侠天子刘邦

刘邦老实承认："不如也。"

韩信再拜夸奖道："祝贺大王，肯承认自己的不足。臣也觉得大王比他不上。不过，臣侍奉过项王，可以讲讲项王的为人。他确实勇力非凡，一声大吼，能把上千壮士吓得两腿打颤，连逃跑的力气都没有。但他不能任用贤人，这点匹夫之勇，终不足以成大事。他为人虽然残暴，但对手下士卒那可是真好，恭敬慈爱，不停地唠叨抚慰，像老太婆一样。看见人生病，会流着眼泪把好吃的全部拿出来跟人分享；但在有些方面却小气得要命，人家有了功劳，他把印信拿在手上把玩，角都磨圆了，还舍不得颁赐，这就是所谓妇人之仁，怎么能驱使真正有野心有才华的人为他卖命呢？巨鹿一战，他威震天下，诸侯皆受其驱使，却不知道占据关中这样的形胜之地为王，而跑回彭城那种四战之地，未免有些愚蠢；他封自己的亲信为王，又把原先的诸侯王驱逐，很不公平；还把义帝放逐到郴州；大兵到处，城邑无不残灭，让百姓失望。他虽然号称霸王，其实不得民心。如果大王能够重用天下勇将，谁能抵挡？按功行赏，不吝啬，功臣谁人不服？凭借士卒想东归故乡的心情作战，敌国之兵谁不惊惧？尤其如今统治三秦的将军章邯等人，起先率领关中子弟东出函谷关镇压义军，战死者不可胜数；又投降项羽，被项羽坑杀关中兵二十万，虽然项羽强行任命他们为三秦之王，关中百姓却对他们恨得咬牙切齿。大王在关中的时候，秋毫无所犯，百姓日夜盼望大王能够回到关中做王。按照义帝之约，关中本来就该是大王的，大王没有得到关中，关中百姓无不深深遗憾。只要大王肯下决心，发兵收复故土，关中很快就会望风归附。"

刘邦听了韩信的话大喜，开始调兵遣将，做好进攻关中的准备。

袭夺关中遇陈平

刘邦准备进攻关中，留萧何在南郑搞后勤，把巴蜀的粮食全部调拨到前线。这年八月，他从原路出击雍国，不过才走了一半路程，就听到探马来报："大王，谷口有章邯派出的大军防守。"

刘邦很沮丧，这时旁边一个谒者赵衍站了出来："大王，我知道一条道路，一样可以到关中，走的人不多，章邯肯定防守不严密。"

赵衍建议的道路叫故道。这条道在褒斜道的西边，它北面是陈仓。但大军行进，总免不了走漏风声，章邯也很快得到刘邦军改走故道的消息，立刻率兵到陈仓堵截刘邦。不出所料，章邯原先强大的战斗力消失得无影无踪，被刘邦杀得大败，逃到好畤，停下来和刘邦再战又败，继续逃往国都废丘。刘邦率军把废丘团团围住，同时派樊哙和周勃去进攻西县。两人不负期望，在雍县大破章邯的轻车骑兵，在好畤击破章邯弟弟章平的军队，又击破章邯部将赵贲军，攻下郿。其他将领略定陇西、北地、上郡。

雍王主力一破，塞王司马欣和翟王董翳很快投降。果然如韩信所料，刘邦不费吹灰之力就攻下了关中。

除了关中，刘邦还派薛欧、王吸率兵出武关。这两位进入故南阳郡，也一路顺利，南阳郡大部分落到了刘邦手中。而且，他们在南阳还和刘邦的一个旧友建立了联系，这位旧友名叫王陵。

王陵，沛县大族，在当地也是一霸，刘邦当年对他以兄长事之。所

游侠天子刘邦

以，当刘邦起兵称沛公后，王陵和雍齿一样，有些不服气，自己拉了一支军队，四处游击，但没搞出什么名堂。刘邦当了汉王，他也没有得到什么名分，只带着几千人在南阳地界观望。如今看到刘邦的部下出关，要和项羽争天下，他终于想通了，不能老揣着以前的资历不放，于是宣布归附刘邦。刘邦命令王陵去沛县把自己的父母和家小接出来。

在这种情况下，项羽总算回过神来了，听说王陵军东进，他立刻发兵屯守阳夏，阻挡了王陵军的步伐。与此同时，项羽还将王陵的母亲捕获，当王陵的使者到项羽军中时，项羽让王陵的母亲东向坐，表示很尊重她，希望由此引诱王陵归顺。使者告别时，王陵的母亲借口说要送别使者，偷偷对使者哭泣："帮老妾传个话给王陵：一定要好好侍奉汉王，汉王是个忠厚的人，夺取天下是必然的，不要因为老妾的缘故三心二意。"说罢当即自刎而死。

项羽又封原先的吴县县令郑昌为韩王，原先的韩王成因为没有功劳，项羽虽然名义上还封他为韩王，实际上没有准许他到国上任，一直留在自己身边，废为穰侯。这时正在韩地的张良给项羽写了一封信，说刘邦并没有无止境东进的意思，他只想得到关中，因为按照怀王的约定，这是他应得的。他还同时寄给项羽一些齐国和魏国来往的书信，渲染说齐国想和赵国联合起来吞并楚国。

项羽对张良的话虽然并不完全相信，但鉴于田荣和陈馀确实闹得轰轰烈烈，他不能不强迫自己相信：刘邦确实没有多大野心，自己没有必要亲征刘邦，先把齐、赵搞定是正经。于是他首先亲征齐国。

很快就到了正月，离秦朝灭亡已经一年多了，项羽的兵力部署完毕，开始全力北上进攻齐国，在城阳和田荣军接战。田荣哪打得过项

羽，大败逃往平原。大概田荣也不得民心，当地百姓把他杀了。项羽于是立田假为齐王，继续进兵到北海，一路烧杀抢掠，城郭全部夷为丘墟，田荣的降卒全部坑杀，老弱妇女全部掳掠。齐国百姓大为失望，纷纷组成游击队反抗项羽，项羽陷入战争的泥沼，无法立刻平定齐国以腾出手来对付更大的敌人——刘邦。

　　与此同时，刘邦在西边一日接一日地扩大其战果，他进攻北地，俘虏了雍王章邯的弟弟章平，彻底断绝了废丘城中章邯的内援，又从临晋渡过黄河，进攻魏国，魏王豹举手投降，率兵跟从刘邦征伐，再南下进攻河内的殷王司马卬。在此前，司马卬听说刘邦欲东，早就识相地宣布反楚。项羽听说了这个消息，问："谁帮我去把殷国收复？"

　　帐下有一个人主动请缨："大王，臣愿意去。"项羽一看，原来是都尉陈平，也就是当年在鸿门宴上和刘邦有过接触的那个人。

　　陈平从小喜欢读书，到处游学。他长得又白又壮，但家里很穷。后来因为才干非凡，成了富家女婿，再也不穷了，有了钱，结交的酒肉朋友越发多。有一次乡里祭祀社神，父老还推举陈平当社宰，给大家分祭肉。他不负众望，分得相当平均，没有一个人不满意。大家都夸他："阿平真能干！"他也大发幽叹："唉！要是让我陈平来宰割天下，肯定也像分肉一样均匀。"

　　不久陈胜起兵反秦，陈平和一帮志同道合的少年渡河去投奔魏咎。魏咎对他很青睐，拜他为太仆（相当于交通部长），官职很不小，这引起了其他人的嫉妒，纷纷在魏咎面前说他的坏话。陈平一看不好，怕出事，连夜逃回了家乡。

　　很快，项羽的军队打到黄河边，陈平又去投奔，一直跟着项羽东征

游侠天子刘邦

西讨，打入了关中。项羽赐他为卿，官为都尉。但陈平和韩信一样，并不满足，他还想再升，但就在他主动请缨去劝降殷王后不久，殷王在刘邦军队的压力下投降了。项羽觉得陈平不称职，声言要杀他。陈平听到消息，只带着一把剑去投奔刘邦。刘邦被他的口才打动，拜他为典护军（政委兼组织、人事部长），这次又带着他东进，准备进攻项羽的老巢——彭城。

刘邦挥军南渡平阴津，顺利到达洛阳新城，当地的三老董公拦住他的马头，进谏道："臣听说'顺德者昌，逆德者亡'，'兵出无名，事故不成'，所以说'明其为贼，敌乃可服'。项羽无道，杀了自己的君王，乃天下之贼也。所谓明王征服天下，以仁德而不以勇猛，以道义而不以力气。大王应该立即让三军之士都穿上丧服，昭告天下，征伐无道，则四海之内无不群起响应，此乃三代明王能够成功的秘诀啊！"

这位董公的话，也是满口立身格言，看似没有什么新意，其实非常重要。概括起来就是，如果你要打垮敌人，就要先把他从名声上搞臭，所谓"明其为贼，敌乃可服"，就是把自己打扮得很正义，把对手诋毁成土匪，这样起码能够增加一半的战斗力。

刘邦凭着他几十年混江湖的经验，立刻体会到了董公计策的精髓。他挑了一个好日子为义帝发丧，打了个赤膊，呼天抢地地大哭，铆足劲一连表演了三天，最后派遣使者去各个诸侯国宣告说："当年天下共立义帝，讨伐暴秦，北面事之。项羽却放逐杀害义帝于江南，大逆不道。寡人实在义愤难忍，乃悉发关中兵，收缉三河士，从长江、汉江顺流而下，跟从诸位击杀大逆不道的贼人项羽。"

刘邦大军浩浩荡荡先出临晋，攻下修武，从围津渡过黄河，等待诸侯国的军队来会合。

彭城惨败

几天后，赵国军队首先南下，对楚国本土发动进攻。刘邦的军队则相继屠戮了煮枣，攻下外黄。在外黄，他又遇到了老朋友彭越，这时彭越已经有三万人了。刘邦拜彭越为魏相国，一起东进。汉军数目庞大，号称五十六万，浩浩荡荡，横无际涯，但在定陶南遭到项羽的将军龙且和魏相项他军队的联合阻击，曹参、灌婴挑选精兵迅速出战，龙且、项他不敌，撤守彭城。刘邦继续进军到巨野，又遭到项羽大将钟离眛（mò）的阻击，但这并没有挡住刘邦前进的脚步。刘邦亲率主力进兵砀、萧，在彭城与龙且大战，击破龙且军，龙且败逃，刘邦顺利攻进彭城。别部如樊哙的军队也高奏凯歌，楚国的老巢几乎被刘邦一锅端了。

项羽虽然已经获悉刘邦继续东进，却苦于抽不出身来对付。田荣是死了，田荣的弟弟田横却又在城阳纠集了数万散卒，对楚军负隅顽抗。田横还立田荣的儿子田广为齐王，以展示自己的抗楚决心。项羽感觉自己如果不彻底干掉齐国，就咽不下这口气，在拉锯战中，他眼睁睁看着刘邦率领五十六万军队攻占了自己的老巢彭城。

不利的消息继续雪片般飞来：说刘邦进驻楚王宫了，刘邦把宫中的金银珠宝抢劫一空了，刘邦把后宫美女一网打尽供自己享用了。项羽火冒三丈，终于忍不住了，决定亲自带兵去教训教训蔑视自己的老无赖。

游侠天子刘邦

　　项羽迅速作了安排，让其他将领继续呆在齐国巩固战果，自己亲自挑选了三万精锐南下，从鲁县出胡陵至萧。在某一天清晨，他带领三万精锐出现在萧县，攻击当地驻扎的刘邦军，风卷残云，将其杀得抱头乱窜，一路高歌猛进，直追到彭城西门。这时，太阳仍旧悬在东方，其兵势之猛，速度之快，让人血管发凉。接着，楚、汉军队开始决战，这场战事依旧是楚方摧枯拉朽。当太阳正当头顶的时候，汉兵已被击破，无数蚂蚁般的汉军士卒四散奔逃，而彭城城东的泗水、城北的穀水挡住了他们的逃跑之路，在楚兵的追赶下，他们丧失了理智，连推带挤，争先恐后地跳入了水中。河面上溅起一朵朵密集的水花，起码有十多万人被河水吞噬。也有些头脑清醒的向南边的山坡狂奔，宛如岩羊。楚兵依旧紧紧追奔十多里，把岩羊们一路驱赶到灵壁东的濉（suī）水边。这回可没路可逃了，南北横贯的濉水不动声色地挡住了岩羊们的道路，岩羊们前挤后压，就算想停住脚步也不可能，十多万头岩羊像雪团一样滚入濉水，个个张开大嘴，把河水吸入自己的肚子，然而他们不是夸父，很快他们的尸体载沉载浮，多得挤塞了河道。刚才还浩浩荡荡的濉水无奈地停住了东流的脚步，变成了一个堰塞湖。

　　刘邦本人的命运并没有好多少，他绝望地站在夏侯婴驾驶的马车上，被楚兵围了三重，已经插翅难飞。这时他肯定很后悔，不该来惹可怕的西楚霸王。就在昨天，他还以为项羽不过尔尔，往后的事就应该像一部循规蹈矩的故事片，平铺直叙到结束，不可能有一丝波澜。谁知一夜工夫，剧情突然急速逆转，自己五十六万军队一天不到就崩塌如山，其中二十多万还化成了鱼鳖。他闭着眼睛，准备等死了。

　　然而这时，竟然出现了一个通常在神话中才会出现的场面，一阵

狂风突然从西北方向席卷而来。

当时已经是夏天，不像是春天才有的沙尘暴，这风如剪刀一样，将彭城城外的树木齐刷刷剪断；又如剃刀，将农民的茅草屋顶剃得四处乱飞。乌云随后就到，遮天蔽日，伸手不见五指。正在合围的楚国精兵正准备将刘邦绑回去请功，被这阵突如其来的大风一吹，两眼迷蒙，阵脚大乱，溃不成队。刘邦喜出望外，命令夏侯婴火速突围。因为满嘴是沙，他的声音显得支离破碎，但充溢着欢喜。

夏侯婴不愧是熟练的驭手，他找准缺口，迅疾冲出了重围。也有一些楚兵在后紧紧追赶，刘邦回头吩咐手下的将军缯贺："给我断后，将来封你为王。"缯贺见领导这么赏识自己，热血沸腾，抹了一把臭汗，反身疯狂杀入敌阵。但刘邦没有践行诺言，平定天下后，只把这位勇猛的小伙子封了个祁侯，离王这个爵位差得远了。

这是刘邦继鸿门宴后第二次逃过大劫，这时他才想起自己的家小。虽然之前他已经派了自己的大舅子吕泽回家照顾父亲和岳父，战争一开始，又派了王陵去丰沛守卫，但现在兵败，谁知道情况究竟如何。想到正好顺路，干脆去把家小接出来。

他们当然去晚了，项羽并不傻，早已派了军队去沛县捉刘邦的家人。好在家人听到消息，提前逃亡。比戏剧还巧合的是，刘邦没有白来，竟然在路上遇到了自己的一双儿女，原来他们和爷爷、奶奶、妈妈、审食其叔叔在乱军中失散了。

刘邦当即带上两个孩子继续逃跑，没多久，隐约发现后面有楚国追兵。刘邦的专车因为多坐了两个小孩，马力不足，速度渐渐降低，而追兵的呐喊声越来越近，刘邦急了，一甩膀子，将一对儿女推到了车

游侠天子刘邦

下，马车绝尘而去，只留下一片啼声。刘邦看着马车速度加快，心中略安。但是他很快发现有些不对，他的驭手夏侯婴猛地拉转马头，朝原路奔去。驰到那对儿女摔倒的地方，跳下车，将两个孩子抱上，随后又猛挥一鞭，回归原路，朝前奔驰。

刘邦看着速度急降，忍不住又是一甩膀子，将两个孩子再次踢到车下。

夏侯婴赶忙又是一个急刹车，再次跳下，将他们抱上马车，刘邦大怒："夏侯婴，老子斩了你，你还听不听军令了？"

夏侯婴道："情况虽然紧急，但马反正累得也跑不动，干嘛把孩子扔下？"这次他跑也不跑了，扬鞭徐行。

刘邦急得发狂，第三次一挥手臂，将儿女推下马车，并警告夏侯婴："再不听话，老子真的斩了你。"

然而夏侯婴置若罔闻，第三次急刹车。刘邦拔出剑，气哼哼地说："夏侯婴，你真以为老子不敢杀你？"

夏侯婴默不作声，这回干脆让两个孩子面朝自己，坐在自己怀里，然后继续徐行。刘邦气得发狂，有十多次想一剑将夏侯婴斩于马下，但想来想去，最终觉得不妥，一则没有夏侯婴，一下子找不到这么好的驭手；二则人家夏侯婴毕竟是为了救自己的孩子，不到万不得已，自己也下不了手杀他。刘邦终于把剑收回，而夏侯婴靠着良好的驾驶技术，最终载着刘邦父子三人脱离了危险。

他们一口气跑到下邑，吕后的哥哥吕释之率领的一支军队驻扎在那儿，刘邦进入戒备森严的军营，顿时瘫倒在床上："这次真是一败涂地。"

重整旗鼓

本来诸侯们都跟着刘邦干,如今刘邦大败,他们当然都偷偷跑去投奔项羽了。这也很正常,跟错了队,全家的命就没有了。

不但诸侯们都和项羽接好,连塞王司马欣、翟王董翳也偷偷脱逃,跑去了楚国。

只有齐国的田横集团是不可能投降项羽的,在项羽回师进击刘邦的时候,他得了喘息之机,又去进攻项羽新立的齐王田假。田假不敌,第二次逃回楚国。项羽这回生气了,他最讨厌这种动不动就逃跑的做法,一怒之下,就将田假斩首。

这边刘邦躺了好几天,总算恢复了精神,召集手下问:"这次败得太惨了,老子咽不下这口气,你们有什么良策可以助我报仇?"

手下都面面相觑,刘邦补充道:"我也不想要项羽的土地,就想干掉他解气。谁能把这事办成,关东的土地全部作为封赏。"那语气,好像全国已经都是他刘家的。当年楚怀王宣布谁打进关中,谁就是秦王。这招挺牛,项羽竟没学到,他总是身先士卒,累死累活,效果不佳,刘邦就掌握了其中精髓。

张良献计道:"这么大方,那就好办了,有两个人可以拉拢。一个是九江王英布,一个是魏相国彭越,这两人都不是凡庸,加上您不久前拜的大将韩信,这三个人能力都非同小可。如果大王肯把关东让他

游侠天子刘邦

们平分，一定可以破楚。"

刘邦点头首肯，彭越是自己的老朋友，一向反对项羽；韩信是自己人，也没有问题；但英布却是项羽的爱将，项羽封他为九江王，这样的人，刘邦有什么机会拉拢呢？

当然有机会，否则张良也不会浪费唇舌。因为这时英布和项羽友谊的蛋壳上已经出现了裂缝。这是怎么回事呢？

原来项羽发兵征讨田荣的时候，向九江国征兵，英布称病，没有亲自去，只派了部将率领几千人跟从。刘邦攻打彭城之时，英布也称病，对楚国的紧急情况不闻不问。项羽有点怨恨英布，屡次派遣使者去九江国责问英布，召英布觐见。英布知道项羽脾气暴躁，不敢去。依了项羽平时的脾气，只怕会立即征讨。但那时他被拖在齐国，而且他特别喜欢能打仗的人，他太喜欢英布的勇猛了，所以也没有拿英布怎么样。

但项羽不知道，刘邦正在利用他和英布之间的裂痕，制造事端。刘邦派了身边一个谒者名叫随何的，让他带着二十个随从去了九江国，拉拢英布。

随何一走，刘邦也没闲着，他很快跑到荥阳去了，各地的败兵闻声都赶来相会。尤其让刘邦惊喜的是，萧何送了数万刚从关中征发的新兵前来报到，这些兵除了少数青壮之外，大部分是老的老，小的小。按照秦朝的法律，满了十六岁（或说十五岁）才可以征发去赴徭役和兵役，兵荒马乱的，打了四年仗，又被项羽坑杀了二十万，关中地区符合征发标准的男子太少了，萧何这次把老弱都征发来，可以算是搜刮了家底。

刘邦比较兴奋，兵虽然不精，但毕竟量多，于是军中士气大振。

彭城大胜的楚兵并没有罢休，一路尾追而来，其中一支精锐骑兵兵锋直指荥阳，准备在荥阳、京、索一带将刘邦一举歼灭。

刘邦站在荥阳城楼上，目睹大批楚骑兵向自己的阵地涌来，赶忙问部下："谁擅长骑射？帮我统领骑兵。"

众人纷纷推荐："李必、骆甲。"

应该说，要比骑兵，刘邦是占据了很大优势的。因为他占据了关中，那是秦国的故地，天高地远，草木畅茂，非常适合牧马。在冷兵器时代，谁掌握了马匹，谁就掌握了强大的机动能力。比起生长在南方卑湿地带的楚国人来，秦国人也具有天然的骑射才能，李必、骆甲就是其中的两个。

刘邦拜灌婴为中大夫令，李必、骆甲为左右校尉，让他们率领骑兵抵御楚军。

汉骑兵出战，在荥阳、京、索一带迎击楚军。这一仗对刘邦非常重要，一旦失败，他就得收缩战线，退入关中。而楚兵则可以彻底封锁函谷关，只要广积粮，凭关东的富庶，从国力上就有希望将刘邦拖垮。

但是项羽的骑兵失败了。南方人本来就不擅长骑射，马匹的数量和质量也比不上关中，楚国这次应该是把骑兵中最精锐的家底用上了。当然刘邦也不例外，灌婴率领的郎中骑在荥阳、京、索一带大破楚骑兵，项羽预想一口气攻占荥阳、擒获刘邦的希望就此破灭。

刘邦暂时稳下心来，学起了当时章邯的作战方法，修筑甬道，一直向北延伸到黄河岸边的重要粮仓——敖仓，通过大车将敖仓地下粮库的粮食源源不断运到荥阳，在荥阳一带与项羽军相持。

　　这时刘邦身边的人对陈平有些不满，特别是周勃、灌婴两个。他们在刘邦面前说陈平坏话："陈平虽然长得英俊，美如冠玉，肚里却是草包。听说他道德也很败坏，早先投靠魏王咎，跟同僚关系不好。跑到楚，又把公务给办砸了，项羽要处理他，他畏罪潜逃到我们这儿。大王看得起他，任命他为都尉兼典护军。他却假公济私，公开要钱，谁给的钱多，就给谁安排肥缺，钱少就安排到差的地方。这样反复无常的小人，只怕不能重用。"

　　刘邦也有点气愤了，把陈平叫来，责问道："先生从魏国跑到楚国，又从楚国跑到我这里，似乎太没有操守了吧？"

　　陈平振振有词地反驳："臣侍奉魏王之时，屡次献策，魏王都不听，只好去楚国。但项羽任人唯亲，官居要职的或者姓项，或者是他岳父家的人，除此之外，虽有贤才，他都不放在眼里。臣听说您能任用贤才，才跑来投奔。在来的途中，臣遇上了河盗，搞得裸身逃离，一丝不挂，不收点钱如何活命？臣给您献的几条计策，如果您觉得还行，就采用；不行，臣收的这点贿赂都在这儿，请封存归公，臣回家务农便了。"

　　刘邦确实慧眼识人，听陈平这么一说，马上道歉，并立刻给陈平重赏，拜他为护军中尉，监护整个军队的将领。诸将一看，干脆都闭嘴了。

拉拢英布

刘邦派出了随何等一行人去拉拢英布，这些人好不容易来到了九江国国都六县，英布很犹豫，不想召见，只派了一个太宰出面接待，给随何他们供应吃喝，尽显首鼠两端之心。

一连三天，有吃有喝，只是见不到英布，随何心里有点底了。他知道英布可以说服，关键是要有机会见面。他使出辩才，先对厨师长下嘴："大王不肯见我，无非是觉得楚强汉弱，而这正是我这次来的原因。希望你为我传话大王，让我当面为其剖析其中的利害。如果大王听了觉得对，那正好；如果不对，把我们二十来人全部斩首，不也可以证明大王拥护楚国的决心吗？"

厨师长觉得有理，将随何的话转达给英布。英布下令召见随何，随何当即滔滔不绝："臣很不明白，大王和楚国有什么亲密关系？"

这是明知故问，但纵横家首先都得学会发问，问题问得好，对方就会堕入你的话语圈，然后你就可以发挥口才优长，慢慢把他绕晕。不擅长发问的纵横家，一定不是好的纵横家。英布当即应道："怎么不亲？寡人是项王提拔的，当北面臣事之。"

"大王和项王都是诸侯王，按理说地位相同，而大王臣事之，不过在于项王国大兵多，不得不依附。项王去年攻打齐国，亲冒矢石，身先士卒，何等艰苦，大王当时应该举全国之兵，亲自赶赴前线佐助

游侠天子刘邦

项王。但大王只派别将带了四千兵去，自己依旧躲在国中享福，这像是北面事之的做法吗？汉王攻入彭城，项王还远在齐地，大王应该立刻征发全国兵马，北渡淮河，日夜兼程，赶到彭城迎击汉王。但大王这次做得更绝，一兵未发，坐观楚汉会战，这像是北面事之的做法吗？大王到现在还不肯背弃项王，不过是因为楚强汉弱。但强弱本无定数，项王虽强，但凶狠残暴，失去民心，杀义帝，背盟约，天下都诟之以不义；汉王联合诸侯，死死守住成皋、荥阳，楚兵不能越此而西。汉王有巴蜀之粟顺流而下以为补给，而项王深入敌国近千里，运输路线漫长，一个不慎，粮草就接济不上。楚兵现在进不能，退不可，也没什么了不起的。况且项王过于嚣张，如果楚国战胜，天下诸侯都会害怕而相救。所以楚国之强，其实更容易遭受天下诸侯的攻击。大王至今还不肯抛弃楚国，投奔汉王，实在不够明智啊。臣今天来这里劝大王，并非因为大王的力量足以亡楚，只希望大王举起义旗，让项王腹心有患，不得不在楚地逗留数月，那样汉就一定可以获胜。到时臣希望和大王一起归汉，汉王一定会割地加封大王，加上现在的九江国，大王的疆域就更大了。"

英布被随何说得蠢蠢欲动，点头道："好，我听你的。"但回去想了想，觉得还是暂时不公布消息为好。他这么一拖，随何也有些着急，而正在这时，项羽的使者又到了。

使者当然是来请英布发兵佐楚的，他住在官方传舍，面对面责问英布。随何一听，知道机会来了，他立刻跑到传舍，二话不说闯进去，一屁股坐在使者的上位，虎着脸说："发什么兵？九江王已经归附了我们汉王，你们楚国有什么资格下令？"

一旁的英布愕然，随何这一招让他措手不及，一下子不知怎么应付。而楚使者一听，也吓得不知所措，本能地跳了起来。随何马上劝告英布："事已至此，大王还犹豫什么？赶快杀了他们投奔汉王。"英布无可奈何："好吧。"立刻下令斩杀楚使者，同时宣布投向刘邦，发兵攻击楚国。

项羽大怒，派将军项声、龙且还击英布，双方相持了几个月，最后龙且大破英布军。英布想率领残余部队投奔刘邦，又觉得目标太大，保不准走到路上会遇见楚军。于是抛弃军队，只和随何等人从小道跑回荥阳。这时已到了十二月，荥阳寒冬凌厉了。

刘邦正坐在床上洗脚，这家伙似乎很喜欢洗脚，上次见了郦食其也是这样，可能是他的养生秘诀。听到英布来了，他下令召见。英布走进去，看见刘邦竟然洗着脚接待他这个诸侯王，气得发抖，当即摸剑就想自杀。按说英布出身不过是个刑徒，从小受人白眼，也不至于这么穷讲究。但一则他诸侯王已经当了这么久，二则被贵族出身的项羽惯出来了点做人的尊严，已经完全接受不了这样的慢待。

上海人民美术出版社1960年出版的《西汉演义》连环画。第十三册《气英布》封面所绘即为英布和刘邦见面时的场景。

游侠天子刘邦

还好，他没有当场自杀，而是被带到了分配的宿舍。推开门一看，他大吃了一惊，这栋房子的装修竟然和刘邦家完全是同一规格，再一询问，连饮食品级、警卫标准也都和刘邦一模一样。英布大喜过望。估计这种待遇，是他在项羽那里得不到的。刘邦出身市井，他拉拢小兄弟的重要手段就是给你吃一样好的，穿一样好的，用一样好的，玩一样好的，显得大家手足情深，不分彼此。这和贵族出身的项羽，风格大概不会一样。任何人都会喜欢刘邦给予的那种感觉，刘邦之所以得人心，跟这种待人方式是有重要关系的。

得到这样的尊重，英布当然想尽快报答，他立即派人去九江召集忠于自己的部属。虽然他的军队被楚兵打得七零八散，但还是招到了几千人，至于他的妻子儿女，都被项羽派去的项伯杀了个精光。

对刘邦来说，拉拢英布带来了巨大的现实利益。首先，英布在九江抗楚几个月，拖住了楚国一部分兵力，使楚国不能集中力量击汉。第二，英布原本是项羽的心腹，现在被刘邦拉拢，从舆论上打垮了项羽，显得似乎项羽已经众叛亲离。第三，英布熟谙项羽的战术，对项羽的战力有一定的遏制。第四，九江毕竟被英布经营了这么多年，积攒了一定的情义，将来反攻时，英布可以凭借这个去内部策反，彻底颠覆项羽的后院，后来的事实，的确也证明了这点。

总之，现在的刘邦，已经基本上在战争中占据了主动。

反间计

　　楚兵确实厉害，在荥阳前线仍旧采取攻势，数次出奇兵断绝刘邦的粮道，让刘邦十分头痛。他和郦食其商量解决办法，郦食其献了一计："当年商汤伐桀，封其后裔于杞；周武王伐纣，封其后裔于宋，这都是收买人心的好办法。秦灭六国后，诸侯社稷相继倾覆，如果能够重新封那些人后裔为王，他们一定亲附，这样仗也不必打了，楚国一定会追慕风仪，敛衽来朝。"

　　郦食其本质上并不是纵横家，而是一个儒家知识分子，非常迂腐。他幻想回到春秋时代，诸侯间以礼相待，不相互侵伐，这是战国时代儒家说烂了的东西，毫无新意，事实证明根本是行不通的。且不说秦国成功兼并天下，证明了封建诸侯已经过时；项羽名为霸王，宰割天下，其实就是按照分封制来的，然而立刻又陷入了相互交战的混乱状态。社会发展到这个阶段，不是东风压倒西风，就是西方压倒东风，绝不可能再彬彬有礼地和睦相处。尤其是认为分封诸国后，楚国就会追慕风仪，敛衽来朝，更是迂腐得令人啼笑皆非。

　　但刘邦一下子被郦食其说糊涂了，说："很好，快点刻诸侯王印，先生亲自去一个个分发。"

　　郦食其马上喜滋滋地去找铁匠铸印，还没来得及出行。这天张良来求见，刘邦正在吃饭，叫他："子房，来，郦食其给我出了个主意，说

可以弱化楚国的权威。”他把情况一说，张良大惊：“啊，蠢货出的馊主意，陛下真要这么做就完了。”刘邦说：“咋了？”张良一把抢过他的筷子：“我一条条跟你说。”

张良开始分析：“当年商汤封桀后，周武王封商后，都是在充分制服敌人的前提下做的，试问您现在能充分制服项羽吗？这是其一。武王克殷，表商容的门闾，释放箕子，封比干之墓，现在您能做到吗？这是其二。武王发巨桥仓的粟米，散鹿台的藏钱，赐给贫穷之人，现在您能做到吗？这是其三。武王平定天下后，将兵车改装为乘车，干戈倒载，示天下不用，现在您能做到吗？这是其四。武王放战马于南山之阳，表示不再打仗，现在您能做到吗？这是其五。武王放牛于桃林之阴，表示不再需要输送军粮，现在您能做到吗？这是其六。如今天下的游士离乡背井，聚集到您身边，为了什么？不就为了能立功，将来裂土封侯，世世享福吗？您想，立六国之后，他们还有什么想头？肯定纷纷打铺盖卷回家，侍奉家乡的主子去，谁跟您卖命？这是其七。楚国现在依旧这么强，立了六国，他们还不是见风使舵，跟着强者走，谁记

比干墓位于河南省卫辉市东北比干庙村。比干墓为周武王所封，距今已3000多年，北魏孝文帝太和十八年（494年）据墓建庙，因此比干墓与比干庙同为一处。比干墓前有“殷比干莫（古代莫、墓通用）”石碑，相传为孔子真迹。

得您的恩德？这是其八。您要这么做，真的就完蛋了啊。"

刘邦当即跳了起来，把满嘴的饭喷到地上，骂道："这儒生真是混蛋，差点坏了老子的大事。快，把铸好的印给我毁了。"

单纯和项羽在军事上较劲，刘邦觉得还是不敌，他问陈平："天下这么乱，什么时候才能太平？"言下之意是问，有什么好计策可以帮助他最终战胜项羽。陈平说："项羽身边的骨鲠之臣，只不过亚父范增、钟离眛、龙且、周殷少数几个，大王如果真的能拨出几万斤黄金，离间他们君臣，一定可以成功。项王为人疑心很重，容易听信谗言，只要让他杀掉自己的忠臣，大王再举兵攻之，他还能跑到哪去？"

刘邦大笑称善，当即给陈平拨了四万斤黄金，而且让他恣意花费，不用报告预算账目。陈平于是以重金培训了一批人打入楚军内部，到处散布谣言，说项羽手下的大将钟离眛等人自恃劳苦功高，却一直没有裂土封王，特别不服气，他们想投靠刘邦，消灭项羽，瓜分楚国。这些谣言虽然没有让项羽完全信以为真到将钟离眛等斩首，但确实增加了他们之间的不信任感。

很快就是四月，初夏天气，黄河北岸到处树木葱茏，楚兵发动了又一轮对刘邦的大扫荡，他们一路连捷，围住了荥阳城。刘邦出不了城，傻眼了，他没想到楚国人这么猛，于是派人出使楚营，请求讲和，声称愿意以荥阳为界，荥阳以西属汉，以东属楚。项羽觉得要彻底干掉刘邦也很困难，颇有些动心。亚父范增赶忙劝道："良机不可失，现在放过他，将来还会后悔。"项羽想，本来上次鸿门宴时没听范增的话，才导致今日大患，这次要亡羊补牢，于是加紧进攻。

刘邦急得不行，陈平站了出来："现在正是施行反间计的好时机。"

他们商量了一个计策。过几天，项羽的使者来了，陈平赶忙吆喝，要人摆上太牢，也就是牛头、猪头、羊头一起上，规格很高。等到见了使者，又假装惊愕道："我以为是亚父的使者，原来是项王的使者啊！搞错了，换菜。"下令把牛头、猪头、羊头全部撤下，换上青菜豆腐。

楚国使者苦着脸吃过饭，回去把情况一说，项羽大惊，他想，难道亚父真和刘邦有勾结？

陈平这个计策是否真的可行，其实很值得怀疑。因为内容太荒诞了，不符合逻辑。试想，本来项羽有意和刘邦媾和，而范增却苦苦相劝，要求项羽加紧进攻荥阳，捉住刘邦，他凭什么和刘邦暗通款曲？就算陈平吃准了项羽多疑暴躁，但不该认为项羽智商这么低啊。再说刘邦如果和范增勾结而不小心说漏了嘴，岂能放项羽的使者回去？一回去，范增不就完了吗？这种明显的破绽，项羽应该是不会上当的。

然而在史书上，项羽似乎像个白痴，"果大疑亚父"，处处防备范增，收回了亚父的一些权力。亚父再劝他急攻荥阳，他竟不肯听从。亚父终于也忍不住了，怒道："天下的事情已经大定（刘邦肯定会把你干掉），君王好自为之，我就不在这打搅你了。"请求告老还乡。

项羽还真不肯醒悟，在亚父的申请上批复：同意。

这个简单的决定将会葬送掉他自己的江山和头颅。不过他那时还不知道。

也许范增以为项羽还会挽留他，谁知得到的批复却是同意，他气得背上长了个大疮，那时没有抗生素，得了这玩意九死一生，可怜范增还没走到彭城，背疮毒性发作，蔓延全身，含恨死去。

项羽身边最后一个能够说上点话的谋士就这么没了，他的死，预示着项羽最终的悲剧结局。

多知道点

商容、箕子和比干

　　商容、箕子和比干都是殷商时期的贤者。商容是掌管礼乐的大臣，因不满纣王的残暴无道，多次进谏而被黜。箕子是太师，也因多次劝谏纣王而被囚禁。比干也因强谏触怒纣王，被纣王杀死。周武王灭商之后，为了表示对殷商忠臣贤者的尊崇，在商容住过的里巷口立表彰显商容的德行，释放了被囚禁的箕子，扩大加高比干的坟墓。

游侠天子刘邦

诈降逃脱

转眼又过了一个月，五月份，楚兵依旧围住荥阳，刘邦被困城中，岌岌可危。他身边一个将军纪信自告奋勇地说："情况危急。臣长得和大王有点像，请让臣扮成大王，假装突围，趁楚兵追逐臣的混乱间隙，大王您赶紧逃跑。"

刘邦觉得这个计策不错，只是还要有人护卫，吸引楚军的目光，而城中可用的兵不多。陈平又想了一个馊主意："这个容易，城里这么多妇女，不能白吃饭，让她们穿上军服冒充士兵。"

当夜，陈平逼着两千老中青妇女披甲执刃，将她们赶出荥阳城东门。楚兵围困荥阳许久，一直不见汉兵出来交战，听说汉王从东门突围，立刻蜂拥去邀击。交战之下，发现对方竟都是妇女，不堪一击，正惊疑不定，这时城里冲出一辆华丽的马车，当头六匹马，车舆上方竖着金黄色的伞盖，左边骓马的马轭上插着一柄装饰有羽毛的大旗，旗杆上还飘荡着一条火红的牦牛尾巴，不是刘邦的专车，绝没有这排场。驭手一面驾车，一面大叫："兵和粮食都消耗光了，汉王决定投降啦！"

楚兵当即呆住了，那份激动实在难以形容，他们离乡背井，跑到这么远来打了这么久的仗，就为了今天。现在敌酋投降，他们终于可以解甲归田，去安抚家里年轻的妻子，抚育可爱的孩子，赡养年老的父母了。刘邦这个人跟他们有什么关系？他们不喜欢他，但也不讨厌他。他

要是肯投降，不再打仗，那是再好不过。于是，他们都停住了厮杀，伸长脖子遥望那辆华车，热泪盈眶。

和平的气氛在人群中默然传递，围困城池的楚兵们抛弃了脸上的愁苦，露出惊喜的表情，没有人带领，也没有人阻止，他们纷纷涌向东门，去领略，去见证和平到来的那一伟大时刻。

他们齐齐爆发出如雷般的欢呼。

然而这时，荥阳城西门悄然大开，几十骑风驰电掣般冲出，城外空荡荡的，只有楚国人的营寨和壕堑，没有人阻挡他们。

刘邦第三次逃脱死神的追捕，捡了一条命。至于身后的荥阳，他让自己的御史大夫周苛、枞公和魏王豹去守卫。

项羽捉住了纪信，发现受骗，气愤地问："刘邦哪去了？"

纪信死猪不怕开水烫："早离开荥阳啦。"

项羽怒道："来人，把这个家伙烧死。"

那些楚国士兵，那些归乡梦里人个个脸色凝重，刚才的骗局让他们目瞪口呆，解甲回家的愿望化成了泡影。他们都想仰天询问："刘邦，你怎么能无耻到这地步？"

刘邦才管不了那么多，他一口气跑出荥阳，渡过汜水，溜进了成皋。又跑回函谷关，征发新兵，准备出关继续跟项羽打。身边一个姓辕的书生劝他："大王，你在荥阳跟楚兵相持了数年，败多胜少。臣有一个计策，可使楚兵疲于奔命。"刘邦忙问："什么计策？"

"君王不如出武关进南阳，项羽必定引兵南下堵截。君王深沟壁垒，不和他交战。这样就能大大减轻荥阳、成皋一线的压力。荥阳、成皋不失，楚兵就无暇击赵，韩信也就有充足的时间安抚赵地，和

游侠天子刘邦

燕、齐结盟。那时君王再重新回到荥阳,楚兵必然又长途跋涉跟随,疲于奔波。我荥阳军以逸待劳,破楚必矣。"

刘邦说:"这个主意不错。"于是出武关,走南阳,一路上又收罗了不少青壮男子,编入军队,固守宛、叶。项羽听说后,果然也引兵南下,堵截刘邦。刘邦一任项羽挑战,就是龟缩不出。那时又没有重炮,一旦婴城固守,短期是攻不下来的。

这时项羽后方又出问题了。巨野湖畔的湖盗彭越,在刘邦第一次进攻彭城时,曾发兵佐助刘邦。而刘邦旋即被项羽击溃,他也只好逃亡,带着兵在黄河岸边游荡,组成了游击队,时常骚扰项羽的运输线。看到项羽率主力逗留在成皋,他火速南下渡过濉水,攻击下邳,与项羽的将军项声、薛公交战。楚军败,薛公阵亡。项羽听说后,忧心忡忡,把成皋交给部下终公守卫,自己亲自率兵去打彭越。

刘邦听说项羽走了,赶忙率军北上进攻成皋。没有项羽指挥的楚兵是无能的,项羽手下的将军个个都是废柴,终公战败身死,刘邦夺回了成皋。

与此形成反比的是,这年六月,项羽将彭越杀得丢盔弃甲而逃,但听说成皋有失,他只能立刻回师,反攻汉兵,一战先攻拔荥阳,活捉了周苛、枞公和韩王信,他劝周苛:"投降我,拜你为上将军,封三万户侯。"周苛骂道:"你哪是汉王的对手,不如早点投降,省得将来成为俘虏难看。"项羽大怒:"把这竖子给我烹了。"

烹完周苛,项羽还不能消气,又斩了枞公,一路进兵,将成皋重重围住。

这次刘邦聪明,没等项羽的包围圈收拢,早就一溜烟出了成皋北

门，渡过黄河，一路逃窜到了小修武。这已经是赵国地界，韩信就驻扎在这里。刘邦在小修武城外的传舍住了一晚上。正值盛夏，天也亮得早，刚蒙蒙亮，刘邦就坐车驰入韩信军营，自称为"汉王使者"，守卫不敢拦截。其时韩信和张耳还在梦乡，刘邦径直闯入他们的卧室，从床前把他们的兵符节信抢到手中，下令击鼓，召诸将觐见。

张耳、韩信在梦中惊醒，听说刘邦来了，大惊，赶忙前去拜见。刘邦命令张耳率领军队巡行赵地，防备楚兵进攻。又拜韩信为相国，率领一部分赵兵攻齐。

当时韩信驻扎的地方距离荥阳非常近，为什么刘邦不早命令他渡河，从后方夹击项羽呢，否则我们就可以看看这项、韩两个人到底谁更有军事天才了。这其中最大的原因是，刘邦知道打不赢。如果不彻底破坏楚国的后勤，他就无法和项羽匹敌。只有占领了齐国，才能在人力和物资的总量上占据绝对优势，那时从后夹击楚国，楚国必然土崩瓦解。

刘邦一逃，项羽攻拔成皋，想乘势继续西进。汉兵则依据巩县城壁抵抗，楚兵受挫，不能前进。刘邦得到韩信兵，又精神大振，八月，他在小修武南的黄河岸边聚集兵马，想渡河与楚兵一决雌雄。郎中郑忠劝他，不宜与项羽硬拼，只能深沟高垒，消耗项羽的士气，然后派别将深入项羽后方，进一步打击项羽的补给线。

刘邦想确实如此，于是派本家刘贾、好朋友卢绾率领两万步兵、数百骑兵，东行从白马津渡河，和彭越的游击队接头，到处烧毁楚军的囷粮和其他设备，使楚军的给养出问题。一旦楚兵进击，他们又坚守不战，让楚军深为头疼。

游侠天子刘邦

斗智不斗力

　　刘邦和项羽在前线相持，占不到什么便宜，而且只要实质交锋，总是败多胜少。但刘邦派出的韩信，却在北边战线屡战屡胜，相继攻占魏国、赵国，只要再东进，攻占齐国，就能迫使项羽两线作战，将其一步步拖入困境。于是，刘邦下令韩信尽快进攻齐国，以减轻西线压力。但他又不放心，怕韩信势力增大，脱离自己控制。于是又派郦食其去齐国，准备劝说齐王投降。郦食其不负辩士之才，果然成功。齐王下令撤消边境军队的紧急动员令，和郦食其整天饮酒取乐。

　　这时韩信的军队基本上靠近了齐国，准备发动进攻，听说郦食其已说服齐王投降，决定罢兵。但他的谋士蒯（kuǎi）彻劝他："将军受诏伐齐，汉王又派使者偷偷出使齐国，劝说齐王投降，有诏书停止将军进兵吗？郦食其不过是个书生，靠着三寸长的一个舌头，劝说齐国七十多城投降，将军率数万兵马，打了一年多的仗，才攻下赵国五十多个城池，和他相比，是不是太丢人了？"

　　蒯彻是范阳人，原先投靠陈胜的部下赵王武臣，后来武臣被杀，他大概还留在赵地，因此变成了韩信的谋士。他劝韩信进攻齐国，当然是希望韩信能割据齐国，他就能施展口舌封侯拜相了。而韩信也是一个有野心的人，听蒯彻一说，当即继续进兵。齐历下军没有防备，轻易被韩信攻破，齐将华无伤被俘，投降了韩信。他们一路火速进军到

临淄，齐王正在和郦食其一起吃吃喝喝，一听韩信兵临城下，气得七窍生烟，骂郦食其道："你这个骗子，来人，烹了他。"郦食其就这样在滚汤中被活活煮死了。

烹掉了郦食其，齐王出城迎击韩信，大败，撤退到高密。这下他彻底醒悟，刘邦的胃口原来比项羽要大，该是和项羽捐弃旧恶，共同对抗豺狼的时候了。他果断派人去楚国求救，他的部将田横则率兵撤到博阳，守相（代理丞相）田光撤到城阳，另一将军田既驻扎到胶东，静静等候楚国的援兵。

此刻因为项羽暂时脱离西线，去东边征讨彭越，汉兵攻下了成皋，正在集中力量围攻楚将钟离眜据守的荥阳。项羽击败彭越，正要乘胜将其一股脑歼灭，却听说西线吃紧，只好回兵去救。听说楚霸王回来了，汉兵吓得屁滚尿流，纷纷向险阻处逃窜，再不露面。荥阳之危顿时解除，项羽也驻军广武，一东一西和刘邦隔涧相望，双方再次进入相持阶段。

他们相持了数月，随着时间的推移，形势对项羽明显不利，因为韩信正在他的背后连战连捷，只要顺利攻下全齐，楚国就只能两面受敌。而且由于敖仓和成皋又回到汉军手中，楚军逐渐粮草不济，项羽很烦闷，这天他命令在城头设立一个高俎，也就是当时宰割猪用的砧板，把刘邦的老爸刘太公放在上面，隔着涧对刘邦说："再不投降，我把你爹给肢解了，再烹成肉汤。"

谁知刘邦回答："项羽，当年我们在楚怀王面前发誓约为兄弟，我的老爸也就是你的老爸，你烹了你老爸，千万记得给我舀一勺汤尝尝。"

游侠天子刘邦

项羽被这个回答彻底打败了，他哀嚎了一声："把他老爸拖下去，赶快烹成肉汤。"

部将项伯又适时跳了出来："天下之成败现在还不能预料，何必彻底把脸皮撕破呢？况且志向远大者不顾家，你杀了他老爸，也没有什么益处，只怕反而招祸。"项羽答应了。

项羽又隔着涧对刘邦叫："天下汹汹扰动不安，已经好几年了，都是因为我们两人的恩怨。我提议由我们两个单独决斗，一决雌雄，免得无辜百姓为我们殉葬。"

刘邦哈哈大笑："谁跟你单挑？我只斗智不斗力。"

项羽无奈，命令手下壮士挑战，刚出场，就被刘邦手下一个楼烦族的神射手射杀。接着，又一连几个壮士被射杀，项羽大怒，亲自披甲持戟，上场挑战。楼烦人还想射，项羽瞋目大喝一声，声震山谷，回声不绝，楼烦射手吓得两手哆嗦，拿不稳弓箭，掩面跑入防御工事，再不敢出来。刘邦这时已经躲进防御工事喝茶，看见楼烦神射手跑入，觉得奇怪，一个人怎么会吓成这样。楼烦人说："这回的挑战者嗓子太响亮，像炸雷一样，披甲持戟，神威凛凛，宛如天神降临。"

刘邦令人："去打听一下是谁？"

一会儿答案回来，原来是项羽亲自上阵。

刘邦大惊，项羽这家伙确实胆气不凡。他再次出去，和项羽隔涧聊天，项羽又再次邀请刘邦单挑。刘邦说："我凭什么跟你这种人单挑，你有十宗罪，知道吗？"

不等项羽回答，刘邦滔滔不绝地数落下去："背弃盟约，让我在巴蜀当王，一罪也；矫诏杀卿子冠军宋义（宋义号卿子冠军），二罪也；

救完了赵国不回报怀王，擅自率诸侯兵入关，三罪也；烧毁秦宫室，发掘秦始皇墓，吞其私财，四罪也；杀秦降王子婴，五罪也；欺骗活埋秦国降卒二十万，六罪也；封自己的亲信在好地方当王，而把原先的王迁徙到差地方，七罪也；将义帝赶出彭城，又夺取韩国的土地，自己兼霸梁、楚，八罪也；派人在江南劫杀义帝，九罪也；为政不公平，立约不诚信，天下不容，大逆无道，十罪也。我举义兵率诸侯吊民伐罪，驱使刑徒们攻打你，何苦亲自跟你单挑，岂不污了我的手？"

公平地说，刘邦所言的大部分罪行是拼凑的。第一条勉强能够落实。第二条，杀卿子冠军，杀得对。如果听任宋义按兵不动，章邯和王离就能灭掉赵国。没有巨鹿之战的胜利，章邯就能阻止刘邦入关，灭亡秦朝只怕没什么希望。第三条，救完了赵国不乘胜追击，难道还等敌人缓过气来？第四条，以现在的眼光看来，当然是罪。但那时打仗，谁战胜了都残毁宫室城池，刘邦自己也屠过不少城。第五条，杀秦降王子婴，这就更算不上罪了。虽说现在文明条约规定不许杀降，但那时还没这规矩。第六条，算，但设身处地，其实也可以理解。冷兵器时代，几十万降卒都年轻力壮，一旦哗变，后果不堪设想。第七条，不值一驳，项羽是按功行赏，而且封的都是异姓王，刘邦占据天下后，非刘氏不许封王，比项羽做得差。第八条，灭秦项羽功最大，兼占两地算得了什么？第九条，可以坐实。第十条，完全是口号，为了凑足"十恶"之数，可以不予理会。

以项羽的年轻气盛而又自负的性格，哪受得了，所以当即气得发昏，提着戟在场上哇哇大叫。

刘邦见效果基本达到，正在得意，突然项羽营中一支弩箭闪电般

89

游侠天子刘邦

飞来，刘邦躲闪不及，羽箭正中胸部。刘邦也的确机灵，马上弯腰，大叫一声："唉哟，射中老子的脚了。"

他被大伙簇拥着到屋里休息，张良劝他："虽然伤势沉重，但希望大王还是强打精神到军营巡视，让大家知道您只受了点轻伤，以免军心大乱，给楚兵以可乘之机。"

于是刘邦强起巡视，但实在支撑不住，还是驰往成皋养病。

民国历史小说家蔡东藩《前汉通俗演义》石印本中插图。图中描绘了刘邦和项羽广武隔涧对话，刘邦中箭受伤的情节。该书目前已由中华书局重新整理出版，新版保留了石印本的人物绣像和插图。

猜忌韩信

项羽和刘邦在成皋相持的时候，楚国的另一支主力已经在齐地被韩信全歼，这支主力是由楚国大将龙且率领的，它的覆亡，把项羽彻底推上了绝路。

话说齐王向楚国求救，项羽知晓其中的利害关系，立刻改变了对齐的敌对态度，派龙且率大军赶去救援。楚兵甚众，号称二十万，在高密和齐王田广会合，准备迎击韩信。

有客劝龙且说："韩信兵屡战屡胜，千里而来，其锋锐不可挡；而我们本土作战，士兵容易逃亡，不如深沟高垒，与其相持，同时让齐王派使者招降丢失城池的将士，那些将士听说他们的王还活着，楚兵又来救援，一定会背叛汉国。汉兵客居齐地，齐人不拥护，粮草就不能供给，无粮之兵，可不战而降。"

可龙且竟然说："我生平很熟悉韩信这家伙的为人，很好对付。况且我来救齐，若不战而逼韩信投降，我有什么功劳？若战而胜，齐国一定会给我们一半土地作为犒劳。"

十一月份，齐楚与韩信兵夹潍水布阵。水东为齐楚军，水西为汉军。战前一夜，韩信派人在潍水上游扔了数万沙袋，将水堵住，下游水量大减。早晨，韩信派兵渡河佯攻，军队刚渡到一半，就假装仓皇败走。龙且大喜："不出我所料，韩信是个胆小鬼。"下令全军渡河追

游侠天子刘邦

击。韩信暗喜，立刻传令上游士兵将沙袋全部挪开，水流磅礴而下，楚兵渡到水中央，顷刻被洪水卷走，成了水鬼。留在岸上的士卒则大乱，不听约束，四散奔逃。韩信下令立即进军，大破楚兵，龙且被杀，另一楚将周兰被俘。齐王田广见事不妙，一溜烟向北逃窜到城阳，韩信发兵狂追，还是将他抓了去。之后在博阳的田光军也被灌婴击破。田横则自立为齐王，率兵还击灌婴，不敌，败逃，投奔彭越去了。灌婴、曹参各率队伍推进，齐国全境落入了汉兵手中。

那边刘邦在成皋休养了一阵，箭伤基本平复，又回到广武前线，继续和项羽对峙。这时他接到韩信的信，打开一看，气得发昏，信上是这么写的：

> 齐国人奸诈狡猾，天下闻名，又南临楚国，位置重要，我作为汉相国统治他们，威望不够，希望您能封我为假王以镇抚之。

刘邦破口大骂："老子被项羽困在这里，日夜希望你来帮我，你却想自立为王。"

张良、陈平两个在旁，双双踩了刘邦一脚，刘邦当即住嘴了，两人在他耳边悄悄说："我们现在战事不利，有力量阻止韩信称王吗？不如因势加封他，让他好好守卫齐地，否则只怕生变。"

刘邦悟到了，当即又破口大骂："大丈夫定诸侯，就应当做真王，当什么假王，真没出息。马上铸印，封韩信为齐王。"

很快，张良亲自带着新铸的齐王印去齐地祝贺韩信，正式册封韩信为齐王，同时征召他的兵马从后方进攻楚国。

在广武前线的项羽听说龙且战死，非常惊恐。这时一个盱眙人叫武涉的安慰他："刘邦封韩信为王，其实很不情愿。不如我们趁机去

策反韩信。"

武涉跑到齐国，游说韩信道："天下苦秦久矣，所以戮力攻秦。秦国覆亡，项王计功割地，分封诸侯，让士卒百姓得以休养生息。刘邦却兴兵而东，杀诸侯，夺其地，还不肯罢休，又侵伐楚国，如今看来，不把天下全部吞并，他是不肯罢休的。而且刘邦出身市井，特别不讲诚信。现在足下虽然自以为是刘邦的挚友，一旦天下平定，就会被他干掉。足下自立为假王，刘邦却封足下为真王，其实心中十分不快，只是不得已耳。足下现在之所以还能逍遥自在地当王，主要还是因为项王在，项王不在，刘邦能留足下的命吗？希望足下善于利用形势，平衡各方面力量，保住自己的王位。以足下现在的实力，投靠汉王，则汉王胜；投靠项王，则项王胜；都不投靠，则天下三分，各不侵扰。足下和项王也是老朋友，何不反汉，彻底自立门户，三分天下，永保齐王之位呢？否则将来必定遭到兔死狗烹的命运。望足下三思。"

韩信顾念刘邦对他的恩情，不肯听从。韩信的手下蒯彻也劝韩信："我从前学过看相，看君之面，顶多只是封侯，而且危险不安定；观君之背，则贵不可言。"意思和武涉差不多，是说韩信如果背叛，富贵不可限量，做王称帝都有可能；如果不背叛，则一个侯也做不安稳。

韩信却困惑地问蒯彻："先生说的什么意思？"

蒯彻继续开导："当今汉王和项王的性命，都悬在足下手中，足下助汉则汉胜，助楚则楚胜。臣以为，不如谁也不帮，三分天下，鼎足而居，这样谁也不敢先轻举妄动。足下贤圣过人，甲兵众多，背靠强齐，以赵、燕为辅助，他们两家谁不忌惮？然后呼吁和平，西向为民请命，百姓谁不拥护？希望足下深思熟虑，早下决断。"

游侠天子刘邦

韩信依旧迂腐地回答："汉王对我这么好，我怎么能见利忘义呢？"

蒯彻道："当年常山王张耳、成安君陈馀为布衣时，那感情好不好？恨不能裤裆共穿，脑袋互换。结果因为巨鹿之事，两人反目为仇，恨不能取对方首级而后快。最后张耳斩陈馀于泜（zhī）水之南，手足异处。此二人先前为天下最好的朋友，最后却互相残杀，为什么呢？因为欲望太多，人心难测啊。现在足下与汉王之交情，比起他们，可以说差得远了，但足下自立为齐王，和汉王的隔阂却比他们大得多。这都是祸患之端啊！"

韩信道："你说得很有道理，让我再好好考虑一下。"

只是他考虑了几天，也没有个结果。蒯彻忍不住又去找他，劝他当机立断，抓住难得的时机。

但是韩信最终没有采纳武涉和蒯彻的计策，除了实在不忍背弃刘邦的恩情之外，可能还因为身边的曹参和灌婴是刘邦的死党。如果中立，曹参和灌婴会不会窝里反，很是问题。他对蒯彻说："要我背叛恩人，实在下不了手啊。汉王计功授爵，不会夺走我的齐国的。"

蒯彻长叹一声："真蠢啊。"他知道再留在韩信身边，将来这番话传到刘邦耳中，自己就没命了。于是假装疯癫，冒充巫觋混饭吃去了。

武涉、蒯彻游说韩信的失败，象征着楚汉之争已徐徐落下了帷幕。韩信问刘邦要王位，也为自己留下了祸端。

楚河汉界

汉四年七月，刘邦立英布为淮南王。此刻淮南还在项羽手中，这么做，相当于告诉项羽，你完了，也不用写遗嘱了，遗产我都代你分好了。

而项羽此刻的不利，也被其他诸侯看在眼里。北貉和燕国人见项羽不行了，都派骑兵来见刘邦，要求帮助他打仗。项羽内忧外患不绝，痛苦不堪，军粮也差不多快消耗干净。八月，刘邦派了一个叫侯公的人到项羽军中，要求他把老爸还给自己，双方签订和约。项羽无奈，只好答应。

于是两家签约，以鸿沟为界，沟东属楚，沟西属汉，互相罢兵。所谓鸿沟，乃是一条运河，沟通黄河和颍水，使黄河和淮河两大水系连通起来，有助于当时的漕运。条约签订后，项羽把刘太公、吕雉还给刘邦，引兵东归。楚军士卒都非常高兴，离乡三年多了，虽然没有取得胜利，但终于可以平安回家。

史书上说刘邦也想西归，阴谋家张良和陈平两个人却又跳了出来，劝他："现在大汉占据了天下的一大半，诸侯亲附，而楚国疲惫不堪，粮食耗尽，此乃天亡项羽之时也，安能放弃？现在放项羽走，等于放虎归山，将来就捉不住了。"

刘邦玩这套也不是第一次，毫无心理负担，当即答应："听你们

游侠天子刘邦

的，追杀他。"

这个集团就这样把墨汁未干的条约当擦屁股纸一样扔掉了，向东追击项羽。十月份的时候，追到阳夏，刘邦止兵，派使者要韩信、彭越都引兵前来帮忙。彭越把原属楚国的昌邑附近二十多个城池都攻下了，收集了大量粮食送到刘邦军中，但就是不肯派兵，说："魏国才刚刚平定，百姓依旧害怕楚国，我不敢随便离开。"

韩信做出的贡献就更大了，平定齐地，拒绝武涉、蒯彻的建议之后，他派灌婴率骑兵进攻楚国，南渡淮河，一直打到广陵，几乎将楚国城邑扫荡了一遍，所向无敌。汉兵在淮南那段时间，项羽的将军项声、薛公、郯公短暂地收复了失地。但灌婴又重新北渡淮河，在下邳击破项声等的军队，斩薛公，攻占下邳，又在平阳击破楚国骑兵，攻下楚都彭城，俘虏了楚柱国项佗，接着相继攻占多地，把楚国腹地尽数占领。没有项羽的楚国完全不堪一击，项羽至此已经没有根据地，被消灭是迟早的事。由此可见，没有韩信，刘邦根本没有干掉项羽的实力。

项羽没想到刘邦这么不讲信用，非常愤怒，但自己兵少食尽，也拿对方没有办法。他在阳夏城停下来迎战刘邦，不利，樊哙率领的军队一战俘虏了楚将周殷手下的楚兵四千人。而此时项羽也已经知道，楚国首都彭城已落入了敌人的魔爪，如今归乡不得，只能向南撤退。刘邦不紧不慢，徐徐追击，追到离阳夏不远的固陵，双方停下来，准备再次决战。

刘邦派出了使者召韩信、彭越前来会战，但是那两人依旧杳无消息，刘邦只能独自来应付楚兵了。

固陵的南面不远处是著名的楚国故都陈县，也就是当年陈胜建

都的地方。陈县的县公名叫利几，现在还算楚将，他集聚了所有兵力做项羽的后盾。楚兵在固陵排好阵势，进行反击，这一战很有战绩，大破汉兵，刘邦吓得赶忙筑壁垒自守，再也不敢出来，他对张良说："没想到楚兵还这么厉害，看来我们只能倚多为胜了。"

张良道："那是当然。"

"可是韩信和彭越都不来，怎么办？"刘邦有些沮丧。

张良说："他们当然不肯来。楚国马上就要完蛋了，他们两个人却都没有裂土受封。如果你能和他们公分天下，他们马上就会气喘吁吁地跑来。立韩信为齐王，你是被迫的，他也不是不知道。彭越本来已经攻下了整个魏国，您以前因为魏王豹还在，所以拜彭越为魏相国。现在魏王豹已死，彭越当然也想当王，您却不早封他。如果您能把睢阳以北的地方至穀城都封给彭越，从陈县以东到大海的地方都封给韩信，鼓舞他们为自己的利益拼死作战，则楚兵之破就在旦夕之间。"

刘邦马上派出使者，到齐、梁两地颁发金印，韩信、彭越果然喜滋滋地说："我们马上发兵。"完全不知道自己正被人当枪使。

韩信获得的利益最大，原先当齐王，是自己要求的，现在刘邦又主动给他增加封地，实在太幸福了，齐国什么时候有这么广的疆域？他当即派出灌婴的郎中骑兵火速赶到陈县，加入到刘邦的队伍，刘邦大喜："现在我的人数远远超出项羽了。"

刘邦再次向项羽发动进攻，两军在陈县附近展开大战。对项羽来说，这是一件很悲哀的事。本来他和刘邦一直在成皋、荥阳一带相持，那靠近刘邦的老巢，刘邦一旦战败，就会土崩瓦解。但现在阵地转移到了自己的老巢，自己一旦战败，也会土崩瓦解。单独一个刘邦，

游侠天子刘邦

不难对付，可灌婴的精骑赶来，情况就不一样了。项羽之兵百战疲惫，刘邦的援兵却精神抖擞，胜败之势已经分出。关键是，项羽身边没有像萧何那样的一个人帮他管好内政，提供充足的后勤，项羽的国土也不像刘邦那样有险峻的关津作为屏障。在固陵相持的时候，刘邦的援兵不断赶到，而项羽似乎没有援兵，至少不会有大规模的援兵，这还是在楚国的本土。

陈县之战开始，汉军以靳强、丁义、灵常等率军先行进击，其中灵常这个人不久前还是楚令尹，刚刚才投降刘邦。为了在新主子面前表现一下，他浴血奋战，成功突破楚军在固陵的防御，楚将钟离昧败走；然后灵常集中兵力攻击陈县，楚兵迎击，两军在陈县郊外大战，楚军大败，楚将利几投降汉兵，陈县落到刘邦手中，楚国最后一块重要的根据地就这样消失了。

项羽这时可谓是英雄末路。楚国疆域基本上已经全部落入汉兵之手，唯一幸存的就是淮南和江东，而此刻淮南也突然宣布"起义"。

在象棋棋盘的中间，有一狭长区域被称为"楚河汉界"，作为对棋双方的分界线。在象棋中以双方的攻守来比况项羽和刘邦之间的"楚汉之争"。

垓下决战

　　淮南的寿春曾是楚国的故都，也是英布原先的国土。寿春本来由楚国大司马周殷掌管，这位周先生，曾经被陈平吹捧为项羽手下的骨鲠之臣，似乎是不会叛变的。刘邦之前已经派了刘贾前去攻打，刘贾渡过淮河，围住了寿春。史书上说周殷被刘贾成功诱降，率领舒县的军队屠戮了六县。六县是原来英布九江国的首都，大概驻有楚国嫡系兵，不肯投降刘邦。屠完六县后，周殷率领兵马去迎接英布，一路西走，路过城父，还顺便把城父屠了一遍，然后和刘贾会师，这时接到刘邦的命令，说"项羽已经撤退到垓下，被我军围住，尔等火速赶往垓下，一起进攻"。于是两人一起南进，奔赴垓下。

　　垓下在今安徽省固镇县东，"垓"的意思是高岗绝壁，项羽走到这里，大概想以高岗为依据建立壁垒，和汉军决一死战。

　　根据项羽从陈县向南撤退的路线分析，他的目的地是江东。大概这时他已听说周殷叛变，能投奔的只有江东了。他和钟离昧一起率军向南狂奔，一路上大概有零星的楚兵加入，所以到垓下的时候，他手下的兵大约还有十几万。但这十几万楚兵再也不能和当年彭城鏖战时那骁勇的三万精兵相比了，那时兵不但是精选的，而且整个楚国还很完整，能为项羽提供强大后援。时移世易，如今已是山河破碎，而刘邦此刻的兵身经百战，士气高昂，韩信、彭越、刘贾的大军源源不断

99

99

游侠天子刘邦

汇集，光韩信的军队，就足足有三十万之多。这场即将到来的大战，一开始就充满了浓郁的悲壮气息。

这是楚汉相争的殊死决战，是项羽个人征战生涯的谢幕典礼。就实力的残酷对比来看，百战百胜的他，这次也不再有胜利的希望。即使战胜也不能动摇大局；战败，更是万劫不复。

这是十二月，相当于现在的一月，华北依旧寒风凛冽，项羽肯定悲怆不已，遥想三年前，他率三万军队把刘邦打得仓皇奔逃的时候，是何等意气风发，而现在是他被追得仓皇奔逃。几十年前，他的祖父项燕率领着楚国最后一支军队，也是在淮南被秦将王翦击败，忿然自杀的。如今，他又重蹈了祖父的覆辙，这是多么可恨的一件事！难道，兵败自杀，这就是项氏这一军事世家的宿命？

战争终于在一个清晨开始了。

一开始，韩信为了展示自己对刘邦的忠贞，主动要求打前阵，他觉得对付百战百胜的项羽，如今已经是小菜一碟。他左翼是后来被封为蓼夷侯的孔聚，右翼是后来封为费侯的陈贺，自己则像一只鸟头。刘邦的军队布在他的身后，周勃和柴武的部队又布在刘邦身后。整个军队排成一个T字阵形。进攻的鼓声响彻于天地之间，韩信亲率前锋首先和项羽军交战，遭到项羽的痛击。双方进行殊死鏖战，韩信不敌，急忙撤退，命令在一旁静候的左右翼一起向前合击，而此刻楚兵刚经过血战，疲惫不堪，难以应付孔将军、陈将军两翼的联合包抄，开始撤退。韩信见状大喜，又率领自己败退的士卒冲上去，楚兵再也招架不住，大败，不得不退回壁垒，坚守不出。

四面八方赶来的汉兵像鬣狗一样，将项羽的军营围了数重。形势

对楚兵十分不利，但项羽估计还想固守，同时派人出去招唤援兵。被困在壁垒中的他消息闭塞，只怕以为楚国应该还有一些城邑在自己手中。而事实是，楚国河山已基本丧尽，刘邦是赢定了。

一头雄狮即将丧生于一群鬣狗之手。

这天晚上，寒风凛冽，项羽躺在城壁内的床上，听到外面的汉兵都唱着楚歌，大惊失色："难道楚地已经全部被汉兵占领了吗？怎么都唱楚歌？"

确实，楚地基本都被汉兵占领了。何况刘邦和他的那帮手下也基本是楚国人，又收降了那么多的楚兵，唱唱楚歌，也没什么奇怪。

项羽难过得再也睡不着，他爬起来，吩咐摆酒，想饮酒解闷。在悲伤的气氛中，项羽慷慨高歌：

力拔山兮气盖世，时不利兮骓不逝。

骓不逝兮可奈何，虞兮虞兮奈若何！

显然他对自己的失败非常不服气，他的小妾虞姬也婉转歌喉，为他唱和。这歌词写得虽不怎么样，但声调凄怆，乃至他们身边的将领士卒都大受感染，泣不成声，低首掩面，不能仰视。

这天晚上，项羽当机立断，决定立刻突围。他精选了八百个骑士，趁着夜色，突然冲出壁垒。汉军的合围并不可能像画一个圆圈那么紧密，至少有些山石坎坷、河流相交、湖汊密布之处不会驻扎帐篷。项羽带着八百骑兵成功溃围而出，汉兵竟然丝毫没有察觉，一直到东方微明，才发现楚军壁垒几乎一空，只留下老弱病残。刘邦当即命令灌婴带五千骑兵追赶，自己屠杀留下来的楚兵。没有项羽的楚兵只能遭受屠杀，史书上说"斩首八万"，可见当时形势的悲壮。

101

游侠天子刘邦

追杀项羽

这时项羽已经向南渡过淮河，准备回到自己的根据地江东会稽。但一路上的逃亡损失惨重，八百骑兵很快只剩下了一百多人，走到阴陵的时候，他们一行迷失了道路，这时正好看见一个田夫在耕田。当时正是寒冬腊月，天气冷得要命，大地还没化冻，是标准的农闲季节，大清早的，一个田夫跑到郊外来干活，很让人费解。总之项羽向他问路："去江东应该走哪条路？"

那田夫也不知出于什么心理，骗他们说："往左。"

他们一行往左走，发现进入了一个巨大的湿地，四野茫茫，除非化成野鸟，才能很快飞出。虽然最后他们还是找到了出去的道路，但因为在大泽里耽搁了很久，汉骑兵当然就追到了。项羽带着残余的败兵继续向东撤退，一直狂奔到了东城，检点一下部属，只剩下二十八骑，而灌婴的骑兵至少上千。这二十八的数目当然未必真这么准确，但古人有数字崇拜，二十八骑大概有上应二十八宿的意思。

在东城，项羽知道再也跑不掉了，对那二十八骑说："我从二十二岁起兵打仗，到现在已经八年了，一共打了七十多场仗，所当者破，所击者服，从未败过，才霸有天下。现在落到这步田地，此天欲亡我，非战之罪也。今天已经跑不掉了，我愿意当着诸君的面快速杀敌，一定要战胜三次，为诸君杀开一条通道，斩将搴旗，让诸君知道，确实是

天亡我项羽，不是我战力不行。"于是他把二十八骑分为四队，每队七人，各站在四个方向。

这时汉兵又重重包围上来，项羽对其手下说："现在我为诸公斩他们一将。你们全部驰下，到山的东面三处地方相会。"

说着项羽突然驰马而下，汉兵皆吓得四散披靡，项羽驰入敌阵，立斩一员汉将，驰马而走。汉骑将杨喜不知死活，在后紧追不舍，项羽回头瞋目大喝一声："你干什么？"杨喜心胆俱裂，战马也吓得不由自主地往回跑，一直跑了数里地才停下。

项王和他残存的部属会合，因为看见会合地有三处，汉兵一时不知去哪找他，于是分为三队，继续围困上去。项羽再次纵马驰出，斩汉军一都尉，又展开"百人斩"神功，一连杀了上百人，再次驰马回到他的部下身边，他的部属还好，只丢失两骑，剩下二十六骑。项羽道："怎么样？"手下皆心悦诚服："大王的确厉害！"眼眶却泪水流转。

这就是所谓的东城之役，由于汉军一时不敢上来，这实际上只是项羽展示武功之处，汉兵没有占到任何便宜。从垓下到东城，地图上直线距离也有105公里，可见其远。他率领剩下的二十六骑继续向东奔驰，一直奔到乌江亭。这是靠近长江的一个渡口，离刚刚厮杀的东城，直线距离也有80公里之遥了，只要渡过长江，项羽就可暂时获得安全。因为汉兵暂时找不到船只渡江，等他们找到，项羽就能回到吴县县城中。这时的江东还是楚国的国土，虽然人口不多，组织个十几万人封住长江，就可能挽回战局。以项羽的军事才华，只怕历史真会改变，但那时江东真的还拥护项羽吗？

乌江亭亭长这时已经停好了船在渡口，对项羽说："江东虽小，也

游侠天子刘邦

有方圆千里，足以称王。希望大王赶快渡江，如今只剩臣有船，汉兵来了，也没有办法渡江。"

但是项羽却拒绝了他的要求，他笑道："天想亡我项羽，我渡了江又怎样？况且我和江东子弟八千人一起渡江，现在没一人生还，纵使江东父老可怜我，仍旧拥护我当王，我有什么面目去见他们？就算他们不提这事，我难道心里不惭愧吗？"又说："我知道您是忠厚长者，这匹马我骑了五年之久了，所当无敌，一日可以行走千里，不忍让它跟我一起受死，现在送给您吧。"于是命令自己的部下全部下马，皆持短兵，准备与汉军做最后一次殊死搏斗。

汉兵很快驰近，项羽像老虎一样冲入敌阵，再次表演了几回"百人斩"，共杀死了数百人，但他也同时负了十余处创口。他筋疲力尽了，残余的下属全部战死。他长叹了一口气，转头看见汉军的骑司马吕马童，呼唤道："你不是我的熟人吗？"

吕马童背过身，指着项羽对身边中郎骑王翳（或作王翳）说："这就是项王啊！"

项羽道："我听说刘邦以一千两黄金悬赏我的脑袋，并封万户侯，好歹我们是熟人，我这颗脑袋就送给你吧。"说完将剑横在颈上，奋力一拉，鲜血飞迸。项羽栽倒在地，汉兵像鬣狗一样疯狂地扑了上去。第一条鬣狗是王翳，他首先抢斩了项羽的头颅，其他鬣狗只慢了一步，立刻伸长舌头扑上，撕扯项羽的尸体，由于争夺不休，他们互相撕咬了起来，很快，几十头鬣狗倒毙在对方的利齿之下，什么也没抢着就进了地狱。最后项羽的尸体被以下五条鬣狗抢得：

中郎骑王翳

郎中骑杨喜

骑司马吕马童

郎中吕胜

郎中杨武

他们带着项羽的尸体兴高采烈地驰回刘邦军营。刘邦看到这一切,仰天长笑,几年来脑子里那根打仗的弦一直绷得紧紧的,现在终于可以松弛下来了。

项羽死后,楚地剩下的城邑其实还有不少,但没有项羽,这些城邑都没有和刘邦对抗的能力,也没有这个心情。刘邦分派各将出击,周勃率军平定了泗水、东海两郡,攻下城邑二十二座。灌婴的骑兵顺势南下渡江,吴郡的长官仍不肯投降,和灌婴军在吴城外发生激战。吴郡长战败,灌婴平定了全部吴地,包括豫章郡和会稽郡。

大部分人还是识相主动投降的,最后只有项羽最初的封地鲁县不肯投降。刘邦说:"我将引天下兵屠鲁。"但到了鲁县城下,听见城中竟然飘来琴声和读书声,想起这里终究是礼仪之邦,此刻为故主守节不降,也确实有令人敬佩的气节,于是持着项羽的头给鲁县百姓看。鲁县百姓一看,确实没盼头了,这才投降。

刘邦吩咐以鲁公的级别将项羽埋葬在穀城,还亲自为项羽主持葬礼,假惺惺掉了几滴鳄鱼眼泪,之后告别。

为时四年之久的楚汉之争终于划上了句号。

建国称帝

平定了天下，对于刘邦来说，却还任重而道远。像项羽那样分封诸侯，有意义吗？这种思绪自然而然地浮上刘邦心头。项羽分封了十八诸侯，结果发生战争时，这些诸侯或者背叛他，或者坐观成败。想到此，刘邦决心趁自己的力量还处于压倒性优势，把诸侯都消灭掉，尤其是韩信、彭越、英布三个极其能打、有号召力的枭雄。

刘邦首先到了定陶，突然驰入韩信的军营，夺走了他的军队。史书上说的是"袭夺"，可见等于把韩信当敌人看待。刘邦知道齐国向来富饶，让韩信占据这么大块土地，太不安全了。

他还忙里偷闲，派卢绾、刘贾、靳歙等人去进攻临江国。临江国前国王共敖，是项羽封的，一直对刘邦不服从。前年，共敖病死了，其子共尉即位，继续抵抗刘邦，不肯投降。刘贾、卢绾两个人虽然本事不大，但以百战之兵，对付临江这样一个小国还是绰绰有余。他们首先诱降了临江王的部下黄极忠，很快击破临江国，共尉只好投降，国土被改置为南郡。共尉押到洛阳，被刘邦下令处决。

这其中有一个名分的问题，项羽当年那么强，还只是自封为西楚霸王，听上去是霸气，但究竟只是"王"，而不是"皇帝"，从法理上讲，没有号令天下、生杀予夺的资格。刘邦要禁绝这一点，他要在法理上彻底压制其他诸侯一头。

刘邦这个意图，那些诸侯王当然看得出来，他们商量了一下，卑躬屈膝地联合上书，要求尊奉汉王刘邦为皇帝。

刘邦假装推辞了几次，最后说，自己真的不想当皇帝，但是既然大家都一致认为他当皇帝对天下百姓有利，他也只好勉为其难了。二月甲午（四日）这天，他在定陶宣布即皇帝位，建都洛阳。

刘邦把韩信改封为楚王，只给了他陈县以东、淮河以北的原楚国国土，至于原先的齐国国土，全部收回，这等于抢走了韩信一大半家当。封韩信为楚王的理由是义帝没有后代，而齐王韩信是楚国人，熟悉楚国风俗，当楚王更加合适，都城设在下邳，也不是什么大城邑。至于原先的齐国，刘邦不久之后封给了庶长子刘肥。

除此之外，刘邦还封彭越为梁王，国境在原魏国地，都定陶。加上早先就封了的赵王张敖、淮南王英布、韩王信、燕王臧荼，以及改封为长沙王的吴芮，改封为闽粤王的无诸，异姓王一共有八个。

之后刘邦回到洛阳，决定以此为都城，同时下诏罢兵，大部分士卒都复员回家，有亲人的，可与亲人团聚，没有亲人的，娶一房妻子，制造亲人。对这些复员兵，刘邦给予了一定的优待，并为此连发了两封诏书，其中心思想是：新政权鼓励流亡百姓回家乡，以前的住宅、爵位、田产，政府都为其保留。诸侯子（户籍为关东的跟随刘邦一起入关出关打天下的人）因为劳苦功高，如果留在关中，可免去十二年的租税；若回乡，也可以免去六年。军吏卒全部赐爵为大夫。关东籍的复员老兵，因为军功显赫，爵位都很高，地方政府必须按照级别发给田宅，敢有故意拖延刁难不遵从者，全部斩首。

这些政策当然得到了老兵的一致欢迎，让他们觉得跟着刘邦打天下，的确不吃亏。

五月的一天，刘邦在洛阳南宫摆酒，得意洋洋地问："诸位请实话实说，我为什么能打下江山？项羽为什么会失去江山？"

高起、王陵站起来拍马屁道："陛下派人攻城略地，打下之后就封给那人，所谓有福共享；项羽则不然，谁有功就害谁，谁有才能就怀疑谁，战胜不肯封赏，所以他失败了。"

这些话如果不说完全是污蔑，至少也不符合事实。只能说项羽不善察纳雅言，但绝不是嫉贤妒能之人。还好刘邦知道这一点，他老实地说："这只是一个方面，更重要的因素，你们忽略了。运筹帷幄之中，决胜千里之外，这点我不如张良；镇抚国家，爱抚百姓，运输给养，从来不会短缺，这点我不如萧何；统帅百万之众，战必胜，攻必取，我不如韩信。这三个人都是人中之杰，我能充分使用他们的才华，所以我能战胜；项羽有一范增却不能用，所以最终被我干掉。"群臣都叹服，刘邦确实有两下子，肯正视自己的不足，而且不怕说出来。

刘邦想从此建都洛阳，但是一个叫娄敬的齐国人改变了他的主意。

娄敬是从齐国征发的一个普通戍卒，他有一位齐地老乡，姓虞，因为一直在刘邦麾下效力，积功当上了将军。娄敬请求虞将军帮忙向刘邦引荐一下，他有重要事情汇报。虞将军答应了。

刘邦很快接见了娄敬，娄敬劝谏刘邦建都关中，因为洛阳乃四战之地，无险可守，不适合作为都城。而关中产良马，土地肥饶，物产丰富，号称陆海，而且四面有关口可以固守，极为安全。刘邦采用了娄敬的计策，立刻西行长安，并赐娄敬为刘氏，拜为郎中，号为奉春君。

擒韩信

大封功臣的事没有立刻进行，而是拖到汉六年的十二月甲申（二十八日），在这之前，刘邦还干了两件大事，一件是除掉了两个异姓诸侯王，另一件是收拾了一些零星的残敌。

两个诸侯王，一个是楚王韩信，一个是燕王臧荼。

先说燕王臧荼。

臧荼是项羽一手提拔起来的，按理说，他应该帮助项羽。但楚汉相争的时候，他不但没帮忙，反而派枭骑在刘邦军中出力。刘邦阵营中后来封侯的栒（xún）侯温疥，就是在汉四年被臧荼派去帮助刘邦的，这人参与了攻打楚大司马曹咎的任务，后来拜为燕相。史书上记载，汉五年七月，项羽死后半年多，臧荼宣布谋反。由于史书上没有记载原因，我们不知道他为什么反，很可能并没有什么原因，刘邦就是想除掉他，污蔑他造反。因为告发他谋反的就是温疥。臧荼为什么要造反呢？不合常理。当年项羽还在的时候，他臧荼不谋反，现在天下大定，他反而谋反，世上有这么愚蠢的人吗？

刘邦带着郦商、夏侯婴、灌婴、张苍等一干将领去打臧荼，和温疥里应外合，在易下大破燕军，俘虏了臧荼，之后刘邦把自己的幼年好友卢绾封为燕王。

八个异姓诸侯王虽然去掉了臧荼，但又换上了卢绾，仍是异姓。

游侠天子刘邦

不过没关系，一切要慢慢来。

下一个就是楚王韩信了。

话说韩信当了楚王后，回去找那个无偿让他蹭了数月饭的南昌亭长，扔给了他一百个铜钱，侮辱地说："你啊，是个小人，做好事却不肯彻底。"又找到那个让他无偿蹭了十多天饭的漂母，赐给了她一千斤黄金："当初你看不起我，现在相信我能厚报吧?！"

那个胁迫他钻过裤裆的淮阴少年听了，很害怕，主动跑来负荆请罪。韩信反而拜他为中尉，对诸将说："这家伙真有胆气，当年侮辱我的时候，我难道不能杀了他吗? 但是我不想偿他那条贱命啊。因为我能忍辱含垢，现在才有机会当王。"说罢发出爽朗的笑声。

但他很快就要完蛋了，这件事要和楚将钟离眜连在一块说。

钟离眜，伊卢人，这个人对项羽特别忠诚，也算是比较能打仗的一个。当年曹咎和司马欣两个活宝在成皋被汉兵打得惶恐自杀而死，钟离眜却一直坚守荥阳，直到项羽到来。刘邦对他很忌惮，在陈县一役中，他跟随项羽败退，不知怎么捡了一条性命，逃出来了。钟离眜的老家和韩信的老家相距不算远，后来又曾一起在项羽军中共事，估计早先就有点旧交情。项羽死后，他去投奔韩信。刘邦得到消息，就下诏要韩信将钟离眜捕捉献上，韩信则怀着侥幸的心理，一直敷衍。但在第二年，也就是汉六年，出事了。

有人向刘邦告状，说韩信要造反。其实这完全是诬告，韩信刚到楚国就任，每次下去巡视郡县，都带着很多兵，浩浩荡荡。毕竟天下初定，他怕被人行刺。结果就被人告了。

刘邦当然巴不得有人告韩信，就算没有人告，他也会制造出一个

人来告。但他又忌惮韩信用兵的能力，于是问手下："怎么办？"手下个个争先恐后地吹牛："马上发兵，把那小子给活埋了。"刘邦心里暗暗叹气，这些没用的东西，你还活埋人家，论打仗你们谁挡得了人家一个脚趾头。他默然不语，知道陈平这小子诡计多，就去问陈平。陈平反问他："韩信知不知道有人告他？"刘邦说："不知道。"陈平问："陛下的兵有韩信的精吗？"刘邦说："只怕不能过。"陈平问："陛下身边的将军，有没有用兵比韩信强的？"刘邦道："远远不及。"陈平道："那就别发兵了，这不是自找麻烦吗？"刘邦说："那也不能听之任之啊，你有什么计谋？"陈平道："陛下不如假装出去巡狩，说要游览云梦泽，要诸侯王们到陈县会合。陈县是楚国的西部边界，韩信听说您只是去云游，一定不会有所防备，等他一来谒见，就立刻将他捕获，那时何须发兵？只要一个壮汉就可以把他捆成粽子。"

这年十月，刘邦传令，说要东巡。

听说刘邦要来云梦，韩信也有所戒备，但戒备级别不算太高。手下有人给他出了个馊主意："把钟离眛斩了献上去，皇帝一定高兴。"

韩信本来舍不得杀钟离眛，但这回情况不妙，他觉得只有卖友保命了，于是就去找钟离眛商量。说是商量，其实还是强取豪夺，要钟离眛的脑袋。钟离眛自然知道他的用意，惨然道："你知道刘邦为什么一直不来攻打你吗？因为我在你这里。你擅长打仗，加上有我做辅助，刘邦对你没有必胜的把握。现在你想杀了我去向他献媚，我今天死，你的寿命也到头了。"

韩信不相信，坚持说自己没法保钟离眛了。钟离眛知道说服他无望，骂道："公非长者。"也就是说，你不是个有道德的人。其实也是，

游侠天子刘邦

韩信这家伙挺自私的，只看到人家对不起他，从来不反省自己。他骂人家南昌亭长好事没有做到底，可人家好歹管了他几个月的饭，一分钱没收。人家家境也不富裕，总不能养你养到死，你又不是人家儿子，犯得着去羞辱人家吗？品德确实有些问题。

说完这句，钟离眜就愤然自杀了。

钟离眜一自杀，韩信提着他的脑袋献给刘邦，满以为这下安全了。谁知斜刺里一个壮汉突然冲出，一下就扭住了他的胳膊，韩信想要挣扎，却毫无希望。壮汉轻松地将其按倒在泥地里，三下五除二，绑成了一个粽子。韩信傻眼了，脑袋深深地陷入泥巴里，又脏又痛，尤其是屈辱，刚刚还是响当当的楚王，又高贵又聪明，曾经指挥过千军万马，叱咤风云，一下子就被一个不知哪跑出来的大傻当泥巴团捏，他很悲愤，歪过脸嚎叫："果然像人们说的那样：'狡兔死，走狗烹；高鸟尽，良弓藏；敌国破，谋臣亡。'天下已经平定，我确实应该被烹了。"

刘邦回应道："有人告你谋反。"他说这话的时候，恐怕自己也不信，所以回到洛阳，还是赦免了韩信。但楚王是不可能给韩信当了，那么大的国土，封给他是对自己不负责任。这家伙太厉害，实在有起死回生的本事，有三两万人，他就能咸鱼翻身。刘邦封他为淮阴侯，而且不准离开关中。

韩信轻易落入了囚笼，败在陈平手里。要论打仗，十个陈平也不是韩信对手；论阴谋，就正好相反了。其实韩信和项羽有相似之处，都只善玩军事，搞政治不行。这只能怪他自己蠢，自作孽，不可活啊。

八个异姓王，就此真正少了一个，韩信的楚王只当了一年，就被褫（chǐ）夺了。这一年是汉六年，距离项羽之死不到两年。

捉拿逃亡豪杰

另外，刘邦还不遗余力地收拾零星残敌，比如一些被打散的诸侯王和项氏旧臣。**他们有故齐王田横，项氏旧将利几、季布等。**

田横兵败后，去投奔了彭越。但彭越很快投靠刘邦，做了梁王。田横只好带着自己的五百门客逃走。他没去匈奴，也没去南越，而是怀着狐死首丘和落叶归根的心态，跑回了齐国故乡。当然，在大陆上，他们呆不住，一口气就跑到了齐国东边的海岛上。

刘邦听说后，觉得很不放心，因为田氏是故齐王族，他们统治过齐国几百年，在齐地的影响太大了。一旦出什么意外，田横跑回大陆，振臂一呼，齐地的老百姓可能会应声而起，那不就麻烦了吗？于是刘邦派人去海岛上送信，说："皇帝陛下赦免你的罪行，如果回来，大可以当王，小也可以封侯。"

田横对使者说："请回去告诉陛下，我田横曾经烹杀了郦食其，他弟弟郦商现在在朝廷做卫尉，我怎么敢见他呢？臣愿意呆在海岛上，就当是为皇帝陛下守边。"

使者回去汇报，刘邦当即给郦商下令说："田横如果来了，不许寻衅闹事，否则我诛灭你全族。"让使者再去一趟给田横传话："告诉田横，没人敢动他一根毫毛。再推辞的话，我就要举兵征讨了。"

田横知道惹不起，于是带着两个随从坐船踏上大陆，又换乘马

游侠天子刘邦

车，继续向洛阳进发。走到离洛阳三十里的尸乡驿站的时候，田横停下来对使者说："人臣拜见天子，不能一身臭汗，我还是沐浴更衣一番再见陛下。"使者觉得有理。

沐浴更衣其实只是田横临时找的一个借口，他对自己两个随从说："唉，我曾经和刘邦一起南面称孤，现在他当上了皇帝，我却成了臣虏，有什么面目见人，耻辱已经是无可复加了。而且我烹了郦食其，却不得不和他的弟弟同朝为官，就算他畏惧诏令不敢加害于我，我难道不感到惭愧吗？"说完拔剑自刎，倒在澡堂的地上。

他的两个随从神色不变，捧着他的脑袋就去见刘邦。刘邦假装流了两滴眼泪，下令征发士兵二千人挖坟坑，将田横厚葬。

安葬完毕之后，田横那两个随从又默默各自在墓边挖了一个坑，然后齐齐拔剑自杀，给田横殉葬了。刘邦听说后大惊，心想田横这家伙真得人心，他还有五百人在海岛上，得都弄回来。于是派使者去招，五百人来了，听说田横已死，大哭，集体自杀。

至于故楚将利几，他的死是步踵于臧荼之后的。

利几在楚国为陈县县公，在陈县和项羽一起并力抗击刘邦，失败后投降刘邦，没有跟随项羽南撤。刘邦为了笼络他，当即封他在颍川为列侯。汉五年九月，刘邦干掉燕王臧荼回来，到了洛阳，召利几觐见，利几感觉刘邦并不像传说中的那么"宽厚"，自己此去定会凶多吉少，干脆举兵"谋反"。他一个列侯能有多少力量？刘邦亲自率兵出征，很快将他击败斩首。

再有就是季布。季布当年为项羽的将军，擅长用兵，屡次打得刘邦很难堪。如今项羽已灭，可以报仇了。刘邦下令以千金购赏季布的

脑袋，敢有窝藏他的，诛夷三族。季布闻讯逃到濮阳，躲在老朋友周氏家中。周氏一向敬慕季布，对他说："臣虽然愿意收留将军，但终究躲不过官府的追踪，何况以将军之才，难道甘心一辈子不见天日吗？将军如果肯听臣的话，臣愿意设计为将军脱罪；如果不能，臣愿意先自杀为谢。"他说这话，是为了表明自己并非贪生怕死。

　　季布答应了。于是周氏给季布剃掉鬓发，戴上颈钳，穿上粗麻布衣服，装扮成囚徒的模样，载入丧车中，和十来个家僮一起卖给鲁国朱家。朱家是一个重情义守然诺的大侠，知道这人是季布，买下后派他去做农活，但告诫他的儿子说："这个家奴不是一般人，种田的事要全听他安排，吃饭要跟他同桌，不许有丝毫怠慢。"自己则亲自乘轻车去洛阳，面见汝阴侯夏侯婴。夏侯婴是厚道人，留他在家里饮酒。朱家于是找机会问他："季布有什么大罪啊，皇帝陛下这么着急通缉他？"夏侯婴道："还不是当年陛下被他打怕了，至今还做噩梦呢，所以一定要抓到他才能解恨。"朱家说："您觉得季布这人怎样？"夏侯婴道："当然很不错。"朱家道："这就对了，俗话说人臣各为其主，季布帮助项羽打仗，追捕陛下很卖力，这是他的职责。当今天下，做过项羽臣子的人还很多，只怕杀不完啊。何况陛下刚刚得到天下，仅仅因为自己的私怨，就大张旗鼓地搜捕一个布衣，似乎显得心胸不够宽广。如果逼得太急，季布不向南逃到南越，也会向北逃到匈奴。以季布之才，若为南越或者匈奴所用，恐怕对大汉不利。久闻君以厚道之名闻于天下，何不为季布求求情呢？"夏侯婴马上猜到朱家肯定窝藏了季布，但他没有告发，反而告诉朱家："好，你等我消息。"他找了机会在刘邦面前一说，刘邦也觉得有道理，下令赦免季布。季布去见刘邦，刘

游侠天子刘邦

邦还拜他为郎中，算是得了个好结果。

季布有个同母弟叫丁公，命就没这么好了。**他曾经为项羽的将军，** 当年刘邦的五十六万军队被项羽打残，仓皇**逃窜时，丁公**就曾率兵在后紧追，追得非常近，已经短兵相接了。刘邦急得要命，转头对丁公说："两贤岂相厄哉？"意思是英雄之间要惺惺相惜，不要催命。丁公竟当即引兵而还，不知道是不是被刘邦称为"贤"，**心中感到很得意还是**别的什么原因。但他这么一得意，就让刘邦**捡了一条命。**听说刘邦当了皇帝，丁公马上跑来请见，大概以为自己对**刘邦有恩，**怎么也能捞个一官半职。结果刘邦却翻脸："来人，绑起来。"**他**带着捆成粽子的丁公示众三军，说："丁公为项王臣不忠，使项王失天下者，此人也。"将丁公斩首示众，并昭告三军："做人臣的，**不要效法丁公，**否则这就是下场！"

但同样是背叛项羽的，刘邦却把项伯赐姓刘，封为列侯。看来刘邦的诛赏，是有一点随意的。

至于刘邦手下那些不能独当一面的功臣，**没有任何威胁，**都还算平安无事。断送项羽江山的项伯等人，刘邦**都没有杀，而且有四个封**为列侯，赐姓刘。在功臣表上，项伯的大名叫**刘缠，封射阳侯。**平皋侯刘它，投降刘邦时官为楚砀郡长，原名叫项它。**桃安侯刘襄，**很早就跟随刘邦，原名项襄。玄武侯，名和封地皆不可考。

大封功臣

汉六年十二月甲申这天，刘邦开始正式行封功臣，共封了曹参、夏侯婴、陈平等十人。

这是第一批。据《史记》记载，正月丙戌（一日）这天，刘邦首先封了自己的两个大舅子吕泽和吕释之为列侯，看来刘邦还是很讲究亲亲之道的，不过这个情况特殊，《汉书》列在《外戚恩泽侯表》，不算数。

第二批行封在汉六年一月丙午（二十一日），封张良、萧何、周勃、樊哙、灌婴等十二人。第二天丁未，又封了周灶为隆虑侯；第三天戊申，封丁复为阳都侯；壬子（二十七日），又封吕青为阳信侯；同月戊午（此月无戊午，当有误），封郭蒙为东武侯。

有一点需要提到，按照《史记·高祖本纪》，原楚王韩信也是在丙午这天被封为淮阴侯的（《高祖功臣侯者年表》作四月），如果这条记载不误，第二批受封的共有十三人，韩信情况特殊，没计算在内。

分封之时，刘邦认为萧何的功劳最大，封为酂（zàn）侯，食邑很多，众将都不服气。因为汉承秦制，完全按照战功分封，萧何一直在关中管后勤，没有亲临过前线，他们都说："臣等披坚执锐，多的百余战，少者数十合，萧何无汗马之劳，反而得到这么大的封赏，怎么回事？"

刘邦开导他们："你们懂得打猎吗？打猎时，追杀野兽兔子的，是

游侠天子刘邦

狗；但指示野兽所在的，是人。说句不好听的话，你们不过是一群能捕得走兽的狗，而萧何则是人。试问，狗能跟人比功吗？"

这番话比喻粗俗，但不得不说，很生动，很贴切，也充分反映了他敏锐的思维和高明的判断。刘邦能走到今天这一步，确实不是虚得的。群臣一听，纷纷闭嘴。

之后需要给列侯排座次，群臣一致认为，平阳侯曹参身上有七十多处伤口，攻城略地，功劳最大，应当排为第一。但刘邦还想让萧何排在第一，只是因为在封邑大小问题上已经驳斥了功臣们，不好再说。有个关内侯鄂千秋察言观色，看出了主子的意思，马上进谏说："群臣的看法都不对，曹参虽有攻城野战之功，但仅仅是一时之事。而陛下与项羽相持五年，失军亡众，单身逃跑好几次，都靠萧何从关中征发新兵来补充，毋需陛下的命令，几万新兵都到了跟前，多默契啊。打仗需要粮草，陛下常常为粮草担心，然而也是萧何，每次都把关中的粮食及时输送到前线，使士卒无饥饿之苦，此乃万世之功，曹参怎么比得上？陛下缺了一个曹参，一百个曹参会自动跳出来；缺一个萧何，现在就没有汉朝了，臣以为，应当列萧何为第一，曹参第二。"

刘邦大声叫好："说得太对了，就这么办。"

靠这番拍马，鄂千秋也得了好处，从关内侯升为安平侯，提高了一个级别。

与萧何相似的还有张良、陈平两人。

张良身子骨弱，没有亲自上阵打过仗，但他的谋略为汉皇朝的建立起了多大作用，刘邦知道得很清楚。刘邦大方地要张良自己在齐地挑选三万户受封，张良很谦逊，只肯接受留县的一万户。陈平起初被

封为户牖侯，后来因为在白登山给刘邦出秘计，逃脱了匈奴的捕杀，改封为曲逆侯，食邑五千户。

同时，刘邦也加封自己的同姓亲属为王。正月丙午，也就是萧何等第二批功臣加封的这一天，刘邦把韩信的楚国分为两部分，以淮东的五十三县立自己的从兄刘贾为荆王，以薛郡、东海、彭城三十六县立自己的弟弟刘交为楚王。当时韩信就在场，大概心里在滴血。这也太欺负人了，刘贾的功劳才多大？刘交又有什么功劳？竟然把自己辛辛苦苦打下来的地盘瓜分，封给他们。

同月壬子这天，也就是加封吕青为阳信侯的时候，刘邦又把云中、雁门、代郡五十三县立自己的二哥宜信侯刘喜（即刘仲）为代王，以胶东、胶西、临淄、济北、博阳、城阳郡七十三县立私生子刘肥为齐王，而且规定，凡在战乱中逃难离开齐地，但乡音未改的人，都必须回到齐国，接受刘肥的统治。古代重要的是人口，有地没有人口，王也当得名不副实，刘邦充分考虑到了这一点。

干完了这些事后，一连过了两个月，刘邦再也没有下一步的举措。其余的功臣本来满怀希望，认为好事马上就轮到自己了，结果上面一点动静都没有。他们有些沉不住气了，觉得自己功劳也不小，凭什么寸土未得？颇有些怨气。

这天，刘邦在洛阳南宫散步，从复道上眺望诸将，发现他们都坐在沙地上交头接耳。于是问张良："这些家伙在商量什么？"张良故意说："商量谋反啊。"刘邦骂道："天下才安定，他们谋什么反？"

张良道："陛下出身布衣，靠他们夺取了天下；如今陛下身为天子，而所封皆故人好友，所杀皆生平仇人。而且军吏计算封地，发现功

游侠天子刘邦

臣太多，天下的土地都不够封的。这些人担心陛下舍不得分封，而找茬把他们杀掉，所以相聚谋反。"

刘邦也有点害怕了，这些功臣不比普通百姓，他们都是在军队中有一定威望的人，真要联合起来造反，会很麻烦。于是问："怎么办？"

张良反问："众所周知陛下生平最痛恨讨厌的人是谁？"

刘邦不假思索："雍齿。年轻时老是跟我作对，让我很难堪，后来又反叛我，我早想杀了他，只是看他功劳大，不忍心。"

这句倒不是实话，准照韩信等人的例子，刘邦不杀雍齿，并不是因为他功劳大，相反，恰恰因为他功劳不够大，对自己构不成威胁，否则刘邦才不会手软。

于是张良劝刘邦："赶快先封雍齿，大家就都放心了。"

刘邦当即召开宴会，加封雍齿为汁方侯，这一天是汉六年的三月戊子日（四日）。

诏令一公布，座上立刻沸腾起来，充满了热烈气氛，酒散后，大家喜气洋洋，说："雍齿那家伙都能封侯，我们还担心什么？"

估计雍齿当时又喜又羞，喜的是，刘邦不会报复自己了；羞的是，同僚那些话确实难听，什么叫"都能封侯"，好像在这之前，大家已经把他看成准死人，一定会死在刘邦的屠刀下似的。

接下来加封的速度加快，隔几天封一个，甚至一天封好几个，统计三月这个月内，连雍齿总共封了十人。

刘邦就这样把自己的家属亲戚都安排妥当，给功臣们都赐予了相应待遇，不过有一个人他忘了，那就是他自己的老爸，刘太公。

刘太公从小看不上刘邦，觉得他不如老二本分，万万没想到刘邦

这么有出息。但刘太公自小在家乡丰邑成长，喜欢丰邑的市井气息，这是浸淫于他灵魂之中的生活方式：屠狗贩缯、沽酒卖饼、斗鸡蹴鞠，快乐无匹。如今却要被束缚在深宫之中，整天面对的不是妇女就是男不男女不女的太监，不免无聊到凄怆。刘邦打听到了老爸忧愁的原因，下令按照故乡的样子在骊邑重新仿造了一个丰邑，街道巷陌，池塘树木，民居酒楼，旗亭市场，无不毕肖。更绝的是，连六畜鸡狗都是直接从家乡迁徙过来的，人就更不用说了。那些六畜鸡狗刚被赶下车，就能直接奔各家而去，可见其房屋环境的相似程度。刘太公跑来一看，简直信不过自己的眼睛，这不是做梦，这么多熟人老朋友！他老泪纵横地跟他们招手，熟人们都亲切地用纯正的丰邑方音回应他。太公欣喜若狂，这才知道，皇帝办不成的事还真少，只要有足够的权力，就能制造足够的快乐。

刘太公住在故都栎阳的时候，刘邦五日一探望，按照那时的规矩，儿子见父亲，当然要跪拜。太公的家令（主管家事的官）劝太公：

元代钱选所绘《蹴鞠图》。蹴鞠是古代训练武士的一种类似现代足球的运动，用以练武、娱乐和健身，后来推广到平民之中，成为一种日常游戏。此图描绘了宋太祖赵匡胤和大臣一起蹴鞠玩乐的情景。

游侠天子刘邦

"天无二日，土无二王。皇帝虽然是儿子，却是君主；太公虽然是父亲，却是人臣。怎么能让人主拜人臣呢？要是这样的话，皇帝的威望就削减了，国家就治理不下去了。"

于是等到刘邦再来探望时，发现情况不同了，老爸竟然抱着一把笤帚在门前迎接，一副洒扫待客的意思，而且他还真就边洒扫边倒着身子后退。刘邦大惊，扶起老爸。太公说："皇帝，您是君主，怎么能因为我而乱天下法令？"

刘邦打听到是家令的主意，很高兴，赏了家令黄金五百斤，不久刘邦又下了一道诏书，封老爹为太上皇。

分封诸王列侯的工作，终刘邦一生，从来没停过，一直持续到刘邦驾崩的汉十二年，总共封了一百四十三人。

早先封侯的几批，刘邦都赐丹书铁券，说："使黄河如带，泰山如砺，汉有宗庙，尔无绝世。"当然都是说得好听，实际上没这么幸福，这些列侯在接下来的岁月中，大多被加以各种罪名剥夺了爵位，到汉武帝太初之时，也就是一百年后，原先封的一百四十三个侯，只剩下五个。

诛杀两韩信

韩信被剥夺齐王之位后，在淮阴侯的位置上又坐了五年。期间他郁郁不乐，一直对刘邦怀有抵触情绪，屡屡称病不上朝，和刘邦身边的猛将周勃、灌婴等相处也不够融洽，因为他看不起他们。按说周勃、灌婴是刘邦身边最能打的两个了，他们一个掌管步卒，一个率领骑兵，常常是斩将搴旗，锐不可当，可在韩信眼里什么都不是。有一次韩信去拜访樊哙，樊哙对他极为恭敬，说："大王竟然肯亲自光临臣的府邸。"樊哙是真心佩服韩信。但韩信出门却大笑："没想到这辈子要和樊哙这样的人为伍。"

非但如此，韩信甚至在刘邦面前也不知收敛。有一次刘邦和他闲谈，说起诸将各能带多少兵马。刘邦问韩信："我能带多少？"韩信竟然说："陛下不过能带十万。"刘邦问："那你呢？"韩信道："臣多多益善。"意思是上不封顶。刘邦还算大度，笑着问："多多益善，那你怎么被我搞定了呢？"韩信只好缓和了语气："陛下不能带兵，却擅长带将。况且陛下乃天授，非人力也。"潜台词仍是：你能当上皇帝，也就是命好，上天眷顾你，论本事比我差远了。

韩信的死，和一个叫陈豨（xī）的人有关。

陈豨，汉六年正月被封为阳夏侯，汉七年被拜为巨鹿太守兼赵相国，守卫原来的代国边境，总揽赵、代兵马。当时的代国国王——刘邦

123

游侠天子刘邦

的二哥刘仲已经被匈奴人吓跑了，代国暂时没有国王。但因为代国位于边地，需要重兵抵拒匈奴骑兵的南下。

在去代地上任之前，陈豨向淮阴侯韩信辞别，韩信拉着他的手在院子里散了一通步，虚与委蛇了一番，最后说："公在外率领精兵，我在内接应。天下说不定就是我俩的。" 陈豨心领神会："将军说得好，受教了。"

话说陈豨发迹后，喜欢养门客。有一次路过赵国，跟从的门客乘车竟有上千辆。一千辆车，在春秋时期算是大国，在战国时代也算个小国，也就是说陈豨俨然当自己是一方诸侯了。赵国的新相国周昌对此很警惕，立刻上书刘邦，认为陈豨有谋反的实力，留下来恐怕是个祸患。

刘邦当即派出官吏追查陈豨的宾客在代国所做的一些不法之事，想把陈豨牵扯进去。陈豨也不傻，知道自己被皇帝猜忌了，于是偷偷派人联系外援，做好应对的准备。

汉十年（前197）秋七月，太上皇死了，刘邦召陈豨回来参加葬礼。有了韩信的前车之鉴，陈豨当然不会傻到重蹈覆辙。九月，陈豨自称代王，举起了造反的旗帜。

刘邦不得已，只能再次离开长安，率兵亲征。韩信在被封为淮阴侯之后就心情不好，经常称病不朝，这次也一样自称有病，免得刘邦带他去前线。

陈豨起兵三个月后，也就是汉十一年（前196）春正月，韩信偷偷派人和陈豨联系，建立攻守同盟，自己则和家臣商量，准备伪造诏书，赦免长安各个官府的囚徒，武装起来，袭击吕后和太子。但被手下一

个门客谢公的弟弟告发了。

吕后和萧何商量，把韩信骗到长乐宫。韩信的两只脚跟刚踏进长乐宫的门槛，大门就咣当一声关上了。躲在门后的武士们蜂拥而出，把他按住捆好，然后抬到长乐宫中悬挂编钟的房间。吕后已经在那里笑眯眯地迎接他，韩信这才知道自己被萧何出卖，骂了一句："唉，后悔没有听蒯彻的话，搞得今天死在一个女人手里。"

吕后一声令下，韩信人头落地。接着大队士卒把韩信的淮阴侯府围了个水泄不通，韩信的三族就这样被屠杀得干干净净。

刘邦当时远在洛阳，听到韩信死的消息，心中放下了一块大大的石头。

除了这个韩信，另外一个被封为韩王的韩信也很快被刘邦除掉。

韩王信是战国时韩襄王的非嫡传孙，汉二年，被刘邦封为韩王，

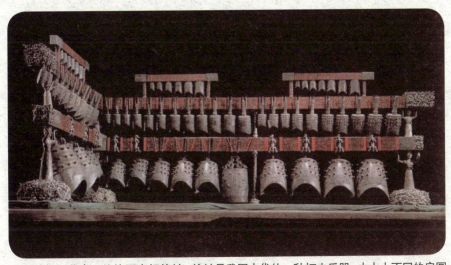

曾侯乙墓出土的战国青铜编钟。编钟是我国古代的一种打击乐器，由大小不同的扁圆形钟按照音调高低的次序排列起来，悬挂在钟架上，编成一组或几组，每个钟敲击的乐音各不相同。

游侠天子刘邦

疆域属于以前韩国的一部分，在秦朝时则属于颍川郡。刘邦觉得不放心，因为颍川临近的地方都是天下至关重要的枢纽，一旦天下有变，只要发兵北据成皋，汉兵就出不了函谷关。所以在汉六年，刘邦把这位韩信迁徙到太原郡，说是以太原郡的三十一个城给他建立新韩国，都晋阳。

这位韩信心里当然不愿意，郁郁不乐去新韩国上任，不久后上书给刘邦："国境靠近边塞，匈奴老来打我，晋阳呢，靠边境远了些，臣想把国都迁到马邑。"刘邦答应了。韩信迁到马邑不久，匈奴单于冒顿率兵入寇（汉七年事），韩信就派使者去和冒顿讲和，签订了和约。这时刘邦也派了兵去救韩信，结果发现韩信似乎和冒顿勾勾搭搭，于是派使者责问。韩信知道一旦君臣之间有了嫌隙，就别想再言归于好，干脆一不做二不休，以马邑投降了冒顿，和匈奴联兵进攻晋阳。

刘邦再次御驾亲征，在铜鞮（dī）大破韩信军，又率领三十二万大军到平城，却发现无以计数的匈奴骑兵从地平线上冒了出来，对自己形成合围之势，他只好撤退到白登山。匈奴大约四十万精骑将汉兵围了个水泄不通，总共七天，汉兵一个个饿得嗷嗷直叫，塞北凛冽的寒风将无数汉兵手指冻伤，变成了残疾。幸好此时陈平在刘邦身边，他献了一条见不得人的秘技，才让刘邦逃脱，保住了一条性命。可惜，因为这条秘技太丢脸，所以史官都没好意思记下来，我们也不知具体是什么内容。

又过了四年，十一年春，刘邦派柴武率兵在参合与韩信激战，韩信兵败身死，韩国就此正式灭亡。刘邦又把自己的儿子刘恒封为代王。

这次和匈奴的战争，给刘邦上了生动的一课，后来他向娄敬讨教："匈奴人老来侵边，怎么应付？"

娄敬道："我们国家新立，天下疲敝，打是不行的，只有和亲一途。只要陛下肯把长公主嫁给匈奴单于，生下的孩子一定会被立为太子。陛下每年三节给单于送厚礼，单于活着，是您的女婿；死了，新单于则是您的外孙，这世上可没听过外孙敢和外公对抗的。"

刘邦心有余悸，头脑发热，立刻去和吕后商量。吕后大哭："我只有这么一个女儿，嫁给赵王张敖已经三年了，你怎么忍心夺回来送给匈奴。"刘邦想想也是，于是就找了一个平民家的女儿，对外假称为长公主，派娄敬带着去匈奴缔结和约。

娄敬出使匈奴回来后，给刘邦出了一个主意，这个主意影响了汉朝一百多年。他说："匈奴手下的楼烦、白羊王，距长安近者只有七百里，轻骑一日一夜就能到关中，关中新经战火，地广人稀，陛下虽建都关中，身边人手却不够用。而关东人口富庶，尤其是当年六国豪族田、景、屈、昭等家族，势大宗强，留在关东，实在是个祸患。陛下不如将他们迁徙到关中，放在自己眼皮底下，不但好控制，一旦匈奴入侵，还可以武装他们抵抗匈奴。若关东有变，又可以率他们东伐，此强本弱枝之术也。"

刘邦大喜，当即下诏，将关东齐、楚大族田氏、昭氏、屈氏、景氏、怀氏迁徙到关中，总共十万余户。

游侠天子刘邦

剪除异姓王

赵国是第三个被刘邦干掉的异姓王国。

赵王张敖是张耳的儿子，也是刘邦的女婿，娶了鲁元公主为妻。张耳在项羽自杀的那年秋天就死了，张敖继位为赵王。两年后，也就是汉七年，刘邦征讨韩王信回来，路过邯郸，张敖像服侍亲爹一样，光着膀子亲自上菜，刘邦则叉脚坐着享受，姿势很没礼貌，还动不动就破口大骂。

张敖手下的大臣贯高、赵午等人一贯有骨气，早年就跟着张耳混，现在六十多了，火爆脾气一点没改，劝张敖杀了刘邦："天下不一定要姓刘。谁拳头大，谁就可以夺过来。如今大王服事皇帝如此恭敬，他却骂骂咧咧，很没教养，臣请为大王杀了他。"

张敖却严词拒绝："当年先王亡国，靠皇帝陛下才得以复国，我现在拥有的一切，都是皇帝陛下给的，怎么能做这种事。我不希望再听到这种话。"为了表决心，他把手指都咬破了。

贯高、赵午等几个人下去后讨论道："是我们这些人错了，大王是有德长者，不肯背弃恩德。但是主辱臣死，我们咽不下这口气，有机会一定要干掉刘邦。事成之后，成果都归我们王；不成，后果由我们承担。"于是开始默默等候机会。

第二年，也就是汉八年，刘邦征讨韩王信的余寇，回来再次路过

赵国。贯高等人预计刘邦会在柏人留宿，于是在柏人县的厕所里布置了刺客。

哪知刘邦路过柏人时，多嘴问了一句："这是什么地方？"从人回答："柏人。"刘邦脑子里不知道哪根神经被触动了，嘟囔着说："柏人者，迫于人也（柏和迫古音很近）。"临时改变了留宿计划，贯高等人的计划由此落空。

过了几个月，贯高有个仇家知道了这个阴谋，上书告发。刘邦大怒，命令将赵王张敖一家以及贯高、赵午等全家人抓来，废黜了赵王，将赵国改封给自己的儿子——原先的代王刘如意。

吕后倒是很信任女婿，向刘邦求情："张敖娶的是我们家的女儿，应该不会谋反。"刘邦怒道："要是张敖当了皇帝，还少你这么一个女儿当老婆吗？"吕后张口结舌，无话可说。

下一个是梁国。

彭越被封为梁王，比英布、韩信都晚。汉十年九月，在邯郸征讨陈豨的时候，刘邦发下诏令，向彭越征兵。彭越正好生病，派一个手下代替自己率士卒赶赴邯郸。刘邦很不高兴，大怒，派使者去定陶责问彭越。彭越吓得不轻，决定去邯郸谢罪。他的大将扈辄劝道："开始他叫您去，您不去；现在他发脾气了，您再去，不是送死吗？不如趁机发兵造反算了。"

彭越打消了去邯郸谢罪的念头，继续称病。可是隔墙有耳，他和扈辄的密谈被人听去了。

刘邦听到告发，当即派使者去梁国的首都定陶，出其不意地捕获了彭越，押到洛阳。有关部门审问彭越，效率非凡，很快奏报："彭越

游侠天子刘邦

造反，证据确凿，请论如法。"

刘邦还有一念之仁，考虑半天，赦免了彭越的死罪，将他废为庶人，流放到蜀郡的青衣县。汉十一年早春二月，彭越坐着囚车，迎着料峭的春寒，孤苦伶仃地被押着往西走，走到郑县的时候，他遥遥看见对面来了一支队伍，走近一看，原来是吕后的车马。吕后刚刚在长安杀掉了韩信三族，现在正要去洛阳会见刘邦庆功。

两人相会，彭越眼泪汪汪地对吕后诉冤，说自己无罪。又说虽然无罪，但也不奢望恢复梁王的爵位，只希望能够回到老家昌邑，耕两亩薄田，自食其力，过完残生。吕后对彭越的请求满口答应，并郑重邀请他一起去洛阳，面见刘邦诉冤。她见到刘邦，对老公提出了批评："彭越是个英雄啊，他就像条鲸鱼，走到哪里都能折腾出大浪，你竟然只把他流放蜀郡，这不是给自己留下祸患吗？幸好我在路上碰到他，顺便带回了洛阳。得赶快把他杀了。"

刘邦答应了。吕后当即把彭越以前的舍人找来，让他们告发彭越

山东省定陶县梁王台遗址。彭越被刘邦封为梁王之后，加固城池，修筑高台，用来练兵点将。后人为纪念梁王彭越，将这一高台称为"梁王点将台"或"梁王台"。

"复谋反"。廷尉王恬启奏请刘邦夷灭彭越三族，刘邦痛快地批准了。汉十一年三月，彭越的三族也和韩信一样，被杀得干干净净，离韩信的悲剧仅隔两个月。之后，刘邦封自己的儿子刘恢为梁王。

接下来是淮南王英布。杀掉彭越，刘邦命人把彭越的尸体烹调成肉羹，赐给各地的诸侯，主要目的当然是吓唬英布，或者不妨说，想以此逼迫英布造反。英布当时正在打猎，心情很好，突然接到了彭越的肉羹，顿如惊弓之鸟，萌生了兔死狐悲之情。他开始秘密部署兵马，等待适当时机。

"时机"很快不速而至，英布有个太医叫贲赫，乘坐邮车赶赴长安，告发英布谋反。刘邦派使者去淮南国验问英布，看看贲赫所说是否属实。英布知道没指望了，把贲赫的三族全部牵到市场砍下了脑袋。随即，他效法陈豨，在当年的秋七月，举起了造反的旗帜。刘邦一听，带着病体出征。出征之前，他先封自己的少子刘长为淮南王，把英布的国土先圈了。

英布是项羽麾下的猛将，一向擅长治兵，这时已经轻松地击破了荆王刘贾和楚王刘交的军队，志得意满。他没想到刘邦会亲征，事前他曾这样估计："皇帝年纪大了，讨厌打仗，肯定不会亲自来。诸将里面我最怕的就是韩信和彭越，现在都死了，我还怕什么？"哪知在汉十二年的十月，就在会甀（zhuì）这个地方，碰见了刘邦亲自率领的军队。

刘邦在庸城的城壁上眺望英布的军队，发现英布军士气高昂，非常精锐，阵势很像项羽，当即心里很不爽。他遥问英布："为什么造反？"

游侠天子刘邦

英布直截了当地回答:"当然是想当皇帝喽。"

刘邦气得破口大骂,接下来就是开战。英布的军队虽然精锐,却架不住刘邦人马众多,光曹参从齐国带来的军队就有十二万。英布接战不利,败走,带着亲信数百骑向南逃奔,最终被小舅子长沙王吴臣(吴芮之子)诱杀。

刘邦最后干掉的一个异姓王是他的总角之交,燕王卢绾。

卢家在秦朝时就和刘家是要好的邻居,卢绾和刘邦还是同日出生,从小又在一起玩,是割头换颈的好兄弟。卢绾虽然打仗不行,但因为和刘邦自小的关系,能出入刘邦卧内,比任何谋士将领都亲近。刘邦当然想给卢绾一点封赏,苦于找不到机会。后来天下已定,刘邦才派他率兵到处走走,象征性地打打仗。燕王臧荼谋反,刘邦派卢绾去征讨,击灭臧荼后,刘邦暗示群臣,推举卢绾为燕王。

卢绾对汉朝忠心耿耿。陈豨造反时,刘邦亲自坐镇邯郸镇压,卢绾也积极响应刘邦,发兵合击陈豨。陈豨派使者去匈奴求救,卢绾也派使臣张胜去匈奴,告知陈豨已经兵破,匈奴最好不要插手。张胜在匈奴碰到了臧荼的儿子臧衍。臧衍对张胜说:"燕国之所以能生存至今,全在于诸侯们相继造反,兵祸连年不绝。而你们燕王却急着要击灭陈豨,真是愚不可及。你想,陈豨一死,下一个不就轮到燕国了吗?陈豨不亡,燕国就能长存;就算汉朝仍不放过你们,你们还有匈奴可以依靠呢。"

张胜被臧衍说动了,就和匈奴缔结密约,要匈奴假装进攻燕国。这时吕后已经杀了韩信、彭越,英布也已经举旗造反。卢绾见匈奴攻燕,以为张胜背叛自己,将张胜一家全部逮捕,并上报长安,请求将张

胜族诛。张胜赶回来,把其中曲折一说,卢绾后悔不及,知道错怪了张胜。于是一边打报告给朝廷说错怪了张胜,和匈奴勾结的是其他人;一边又派人和陈豨勾勾搭搭,采取一边打一边互抛媚眼的政策。

可惜汉朝那边是来真的,汉十二年,周勃的军队如风卷残云,将陈豨打得望风而逃,最后死于非命。陈豨的降将招供,自己这边曾经和卢绾有来往。刘邦大惊,下令征召卢绾。卢绾当然不敢觐见,称病推辞。刘邦对这个老朋友很有耐心,又派了辟阳侯审食其、御史大夫赵尧去看望卢绾,同时查探情况。卢绾更加害怕,躲起来对身边宠臣说:"不姓刘而做王的,只剩我和长沙王吴臣了。吕后歹毒,族诛了淮阴侯韩信、梁王彭越。这个老太婆,是想杀尽异姓王和大功臣啊!"卢绾依旧装病,不肯去长安。

但他的话以及一些蛛丝马迹被审食其、赵尧听到,报告给了刘邦。刘邦大怒,这时又碰巧抓获了匈奴降者,降者说了些张胜在匈奴的事,刘邦确认卢绾造反。汉十二年春二月,刘邦令舞阳侯樊哙率兵进攻卢绾,同时立自己的儿子刘建为燕王。

卢绾兵力不敌,仓惶逃到匈奴,在长城下驻扎,派人刺探刘邦的病情。希望等到刘邦病好当面谢罪,可刘邦征英布时中了一箭,此刻伤势发作,没有耐心等他,很快就一命呜呼了。卢绾眼见没有指望,干脆带领残兵败将逃入匈奴。

燕国一灭,除了江南弱小的长沙王构不成威胁之外,其余的都封给了刘氏宗室,为刘氏以后四百年的统治打下了牢固的基础。

汉十二年夏四月甲辰,也就是公元前195年阴历四月二十五日,刘邦死在长乐宫,享年六十一岁。庙号为汉太祖,尊号为高皇帝。

游侠天子刘邦

附录 刘邦生平速览

公元前256年 一岁   刘邦在沛县丰邑出生。

十三岁 公元前243年   刘邦最敬慕的信陵君死。

公元前225年 三十一岁   在魏国张耳府中为门客。后因战乱回到家乡沛县。

三十三岁 公元前223年   楚国灭亡。刘邦成为秦泗水亭长。

约公元前211年左右 四十五岁   娶吕雉为妻。

四十七岁 公元前209年   在芒砀山中做土匪。七月，陈胜、吴广在大泽乡起义。九月，刘邦杀死沛县县令，响应起义，自封为沛公。

公元前208年 四十八岁   正月，刘邦道遇张良。四月，刘邦投奔项梁。八月，刘邦和项羽一起攻雍丘。九月，项梁战死。楚怀王拜刘邦为砀郡长，封武安侯。

八月，刘邦入武关。赵高杀秦二世，立子婴为秦王。

四十九岁　公元前207年

十月，刘邦入关中，秦王子婴投降。十一月，刘邦驻军霸上，与关中百姓约法三章。十二月，刘邦赴鸿门宴。二月，项羽自立为西楚霸王，封刘邦为汉王。四月，刘邦拜韩信为大将。八月，刘邦击破塞王司马欣、翟王董翳兵。

公元前206年　五十岁

十月，张良投奔刘邦。十一月，回关中，都栎阳。三月，陈平归降刘邦。四月，与项羽决战彭城，败亡。五月，屯荥阳，与萧何、韩信会合，兵复大振。六月，刘邦回到栎阳，攻下废丘，章邯自杀。八月，刘邦到荥阳，以韩信为左丞相，与曹参、灌婴俱击魏。

五十一岁　公元前205年

十二月，英布投奔刘邦。四月，项羽围荥阳，刘邦请和，派陈平使反间计离间项羽与范增。五月，刘邦趁机逃至成皋。六月，项羽引兵西拔荥阳，围成皋，刘邦逃至小修武，夺得韩信军。

公元前204年　五十二岁

135

十月，项羽与刘邦广武对峙，刘邦中箭受伤，驰入成皋养伤。十一月，疾愈，西入关，至栎阳，慰问父老。二月，立韩信为齐王。七月，立英布为淮南王。八月，项羽和刘邦订约，中分天下。九月，刘邦撕毁合约，追击项羽。

五十三岁　公元前203年

游侠天子刘邦

公元前202年　**五十四岁**

十月，刘邦追项羽，项羽大败刘邦。十二月，刘邦率韩信、彭越诸军，围项羽于垓下。项羽兵败自杀。二月，刘邦于山东定陶即皇帝位。七月，燕王臧荼反，刘邦亲征。九月，杀臧荼，拜卢绾为燕王。

五十五岁　公元前201年

十月，有人告韩信反，刘邦假装游云梦，韩信迎谒，被捕。十二月，赦韩信，封淮阴侯。大封群臣为列侯。

公元前200年　**五十六岁**

十月，刘邦亲征韩王信于铜鞮，韩信亡走匈奴。刘邦乘胜追击，至平城，被匈奴围困七日，用陈平秘计逃出。二月，刘邦迁都长安。

五十八岁　公元前198年

十一月，迁徙齐、楚大族田氏、昭氏、屈氏、景氏、怀氏五姓到关中。十二月，废赵王张敖，封少子刘如意为赵王。

公元前197年　**五十九岁**

九月，代相国陈豨反，刘邦亲征。

六十岁　公元前196年

正月，淮阴侯韩信谋反，夷三族。三月，梁王彭越谋反，夷三族。七月，淮南王英布反，刘邦亲征。

公元前195年　**六十一岁**

十月，刘邦破英布军于会甄。英布逃，被长沙王吴臣诱杀。四月，刘邦死在长乐宫，葬于长陵。

备注：秦和汉初以十月为岁首，月份轮回为：十月、十一月、十二月、一月……九月。